KB067074

행복을 이끄는
다름의 심리학

행복을 이끄는 다름의 심리학

| 서로 다른 우리가 조화롭게 사는 법 | 노주선 지음

메이트북스

메이트북스 우리는 책이 독자를 위한 것임을 잊지 않는다.
우리는 독자의 꿈을 사랑하고,
그 꿈이 실현될 수 있는 도구를 세상에 내놓는다.

행복을 이끄는 다름의 심리학

초판 1쇄 발행 2018년 2월 20일 | **지은이** 노주선
펴낸곳 (주)원앤원콘텐츠그룹 | **펴낸이** 강현규 · 정영훈
책임편집 심보경 | **편집** 이가진 · 김윤성
디자인 최정아 · 홍경숙 | **마케팅** 안대현
등록번호 제301-2006-001호 | **등록일자** 2013년 5월 24일
주소 06132 서울시 강남구 논현로 507 성지하이츠빌 3차 1307호 | **전화** (02)2234-7117
팩스 (02)2234-1086 | **이메일** khg0109@hanmail.net
값 14,000원 | **ISBN** 979-11-6002-101-1 03190

이 도서의 국립중앙도서관 출판예정도서목록(CIP)은 서지정보유통지원시스템 홈페이지(http://seoji.nl.go.kr)와 국가자료공동목록시스템(http://www.nl.go.kr/kolisnet)에서 이용하실 수 있습니다.(CIP제어번호: CIP2018004440)

내 속엔 내가 너무도 많아
당신의 쉴 곳 없네
내 속엔 헛된 바람들로
당신의 편할 곳 없네

시인과 촌장 _ 가시나무 中

가끔 "당신의 직업이 무엇입니까?"라고 물어올 때 나는 망설이게 된다. "임상심리학자입니다"라고 대답하면 대부분 "그게 무엇 하는 직업인데요?"라는 질문이 되돌아오기 때문이다. 그럴 때면 '심리 상담이나 심리 치료, 심리 평가를 통해서 타인에게 전문적인 도움을 주는 사람'이라는 딱딱한 정의를 설명하기보다는, 그냥 "사람들을 도와주는 직업이죠"라고 말한다. 자신의 직업이 무엇인지 스스로 설명해주어야 하는 특이하고 드문 직업 때문에 때때로 난처함을 느끼게 된다.

일단 이야기가 시작되면 사람들은 나에게 마음속 깊이 간직했던 많은 이야기들을 꺼내 놓는다. 살아가면서 어느 누구에게도 말하지 않았던 비밀을 처음 털어 놓는 경우도 있다. 때로는 눈물짓기도 하고, 때로는 매우 화가 나서 주먹을 불끈 쥐고 이야기하기도 한다. 그리고 나선 차분하면서 편안한 마음의 안정을 찾기도 하고, 더할 나위 없는 기쁨과 즐거움을 나누기도 한다. 그들의 이야기를 듣다 보면 어느새 그 사람의 삶 속으로 빨려 들어가 같이 슬퍼하고 같이 기뻐하는 내 모습을 발견하게 된다.
그런데 아주 놀라운 사실 하나는 나를 찾아오는 사람들 중에 어느 누구도 똑같은 사람이 없다는 것이다. 그렇게 많은 클라이언트 한 사람 한 사람이 수많은 '다름'을 가지고 있다는 것에 놀라며, 사람들이 가지고 있는 '다름'을 이해하는 것이 참 쉽지 않다는 생각을 한다. 그렇지만 나의 클라이언트가 자신의 '다름'을 이해했다고 느꼈을 때, 그리고 그 이해를 바탕으로 고민하던 문제를 해결했을 때 나는 너무도 큰 보람과 감동을 느낀다.

이제 내가 얻은 몇 가지 깨달음들을 나누고자 한다. 아직 많이 부족한 것 같아 부끄럽고 망설여지지만, 내가 느꼈던 보람과 감동을 여러분도 가질 수 있기를 바라는 마음 간절하다.

사람들의 '다름'에 관한 책을 내면서, 지금 나의 '다름'을 만들어주시고 건강하게 받아들일 수 있도록 키워주신 아버지와 어머니께 깊은 감사의 마음을 떠올린다. 그리고 나의 평범하지 않은 일과 행보를 묵묵히 지켜보고 지지해주는 나의 소중한 가족 현주와 수빈이에게도 진심으로 고마운 마음을 전한다.

노주선

Prologue

다른 것은 틀린 것도 나쁜 것도 아니다

우리는 우리 자신을 잊고 산다

요즘 강의할 때 종종 학생들에게 던지는 질문이 있다. "대학교 상담실에서 학생들이 가장 많이 의뢰하는 문제가 무엇이라고 생각합니까?" 그러면 학생들은 쉽게 '이성문제', '적성문제', '성적문제' 등이라고 대답한다.

그런데 엉뚱하게도 학생들이 상담 신청서에 쓰는 가장 흔한 문제는 '나는 누구인가?' 이다. 즉 나는 과연 누구이며, 어떤 사람이며, 무엇을 좋아하고 싫어하며, 지금 내가 생각하는 것이 옳은 것인지, 내가 바라는 것은 무엇인지 등 자신에 대한 회의와 의문들이다. 이것이 현 시대 대학생들의 최대 고민 중 하나인 것이다.

그렇다면 학교생활을 마치고 사회에 나와 있는 사람들의 경우는 어떨까? 과연 자신에 대해 잘 알고 있을까? "당신은 자신에 대해 잘 알고 있습니까?"라는 질문에 자신 있게 "예"라고 대답할 수 있는 사람은 그리 많지 않을 것이다.

왜 수많은 학생들이, 그리고 사회인들까지도 "나는 누구인가?"라는 고민에 사로잡혀 있는 것일까?

최근 1970년대 학창 시절을 배경으로 한 영화를 보면서 여러 가지 생각을 했다. "그래 맞아, 저 때는 저랬어!"라고 공감하면서 선생님께 맞았던 일, 한편으로 억울해도 참았던 일, 정 깊었던 선생님과 친구들 등 많은 추억들이 생각났다. 그러면서 떠오른 생각은 "그때는 저런 생활을 어떻게 견뎌냈을까?"이다. 언뜻 보아도 불합리한 점들이 많았던 시절을, 그리고 단지 성적 하나로 모든 것을 평가받던 획일화된 시절을 어떻게 견뎌내고 참아냈을까?

똑같은 교복을 입고, 똑같은 머리를 하고, 성적이 모든 것을 평가해주던 그 시절. '나는 누구인가?', '나는 어디로 가고 있는가'에 대한 해답을 얻기보다는, 단지 학번과 성적표만이 나를 지배하던 시절들. 그런데 아직도 이때의 여러 가지 습성들이 나를 지배하고 있다는 것을 깨닫곤 한다.

얼마 전 모 회사의 임원들을 대상으로 교육을 하면서 그들에게 다음과 같은 질문을 했다. "당신의 성격은 어떻습니까?" 그때 분명히 성격 검사상으로는 매우 다른 특성을 보이고 있었음에도 불구하고, 모두 자신의 성격에 대해 '합리적이고 논리적인 성격'이라고 대답하는 모습을 보면서 새삼 놀란 적이 있었다. 그들의 모습을 보면서 나 자신을 찾기보다는 획일화된 교육과 표준화된 역할을 강요받았던 학창 시절과 비슷한 느낌을 받게 되었다. "아, 우리는 참 우리 자신을 잊고 사는구나!"

잃어버린 자신을 찾아서

하지만 이런 모습은 단지 필자만이 겪는 문제는 아닐 것이며, 그 회사의 임원들만 겪는 문제도 아닐 것이다. 학창 시절 수줍음이 많아서 사람들 앞에 나서는 것이 너무 힘들었던, 그래서 늘 교실에서도 있는 듯 없는 듯 살았던 내담자 한 분이 아직도 생각난다.

자신이 문제가 있는 것은 아닌가 항상 고민하던 그는, 어느 날 '남자로 태어나 세상을 이런 식으로 살면 안 되는데'라는 생각에 갑자기 타고 있던 전철 안에서 자기가 먹던 음식을 팔아봐야겠다고 생각하고, 벌떡 일어나 사람들 앞에서 "사주세요" 하며 억지로 노력했던 경험을 내게 들려주었다. 그 말을 하면서 그동안 세상에서 요구하는 당당한 남자로서의 역할에 충실하고 사회생활에 대한 부담을 이겨내기 위해 노력했던 수많은 아픔들이 떠올라 입가에 약간씩 경련이 일어나며 눈언저리가 붉어지던 그의 모습을 잊을 수 없다.

우리는 항상 나의 내면적 욕구와 내게 부과된 사회적 책임과 역할 사이에서 갈등한다. 이 시대의 한 직장인으로서, 한 가정의 가장과 아내로서, 그리고 아이들의 부모로서 끊임없이 주어지는 역할과 책임에 시달리다 보면, 어느새 나 자신을 잃고 사회적 책임과 역할에만 충실해져 있는 모습을 발견하게 된다.

"우리 아이가 어떤가요? 어떻게 하면 행복하게 해줄 수 있나요?" 항상 자신의 만족보다는 가족의 만족을 먼저 생각하고, 아이의 장래를 먼저 생각하는 이 시대의 희생적인 엄마들에게 전하고 싶은 메시지가 하나 있다. "아이가 행복하기 위해서는 반드시 엄마가 행복해야 합니다. 엄마가 불행한데 아이가 행복할 수는 없습니다. 아이를 정말 행복하게 해주고 싶다면 엄마 스스로에 대한 투자를 먼저 하세요. 그래서 엄마가 밝고 즐거운 마음으로 아이를 대할 때, 아이도 행복해집니다."

어찌 보면 너무도 간단한 원리이자 진리임에도 불구하고, 우리는 당장 눈앞에 닥친 요구나 역할을 감당하는 데 정신이 없다. 그러다 보면 어느 순간 스스로 행복해지는 데 소홀해진 나를 발견하게 된다. 나 자신이 행복하고 즐거울 때 내 주변 사람들에게 그 행복과 즐거움이 전파되고, 그때서야 비로소 모두가 즐겁게 일하는 회사, 모두가 행복한 가정이 되는 것이다.

이것이야말로 바로 필자가 많은 사람들을 상담하고 교육하면서 얻은 기본적인 진리이며, 다른 모든 사람들에게 널리 전파하고 싶은 진실이다. 내가 어떤 사람이며, 무엇을 원하고 좋아하는지, 그리고 내가 얼마나 가치 있고 소중한 사람인지 발견해 내 삶의 새로운 연료로 삼아보자.

나와 남의 다름과 공존을 위해

우리는 이제부터 그동안 잊고 있었던 나 자신의 모습을 새롭게 찾아가는 여행을 시작할 것이다. '나는 누구인가?', '나는 무엇을 원하는가?', 그리고 '나는 어떤 행동과 특성을 보이는 사람인가?'에 대한 해답을 찾아가고자 한다. 그래서 '나의 독특함'과 '나의 고유성'을 인정해주지 않는 세상에 맞서 당당하고 새롭게 일어서자. 또한 "나는 이런 사람입니다!"라고 자신 있게 말할 수 있는 나의 '다름'을 발견해보자.

여기서 한 가지 더 생각해봐야 할 것은, '과연 나만 이런 고민을 할까?'에 대한 문제와 '과연 나는 다른 사람들의 독특함과 고유성을 인정하고 살았는가?'라는 문제이다. 알고 보면 우리는 자신의 모습뿐만 아니라 다른 사람의 모습마저도 인정하지 못하고, 잊어버린 채 살아왔다. 나 자신의 '다름'을 나만의 고유하고 의미 있는 '다름'으로 인정해주지 않는 세상에 대해 불평해왔지만, 어느새 다른 사람의 '다름'을 인정하고 수용하는 법도 함께 잊어버린 것이다.

이 세상은 나 혼자서 살아갈 수 없으며, 다른 사람들과 어울려 살아야 한다는 것은 새삼스럽게 상기할 필요도 없다. 그렇다면 어쩔 수 없이 어울려 사는 것보다 나의 '다름'과 다른 사람들의 '다름'을 인정하고 함께 어울려 사는 법을 연구하는 것이 훨씬 더 합리적이지 않을까?

이 책은 바로 이러한 노력과 이에 대한 조그만 해답을 얻기 위해 시작됐다. 사회적으로 인정받고 존경받는 사람이 자신의 업무와 관련된 질문에 대해서는 거침없이 대답하면서도, "당신은 어떤 사람입니까?", "당신만이 가진 고유함은 무엇입니까?"라는 질문에 대해서는 머뭇거리는 현실을 바꿔보기 위한 것이다.

이 책의 꿈은 자신에게 주어진 역할을 열심히 하는데도 어느 순간 '나는 과연 어디로 가고 있는가?' 라는 회의에 빠지며 느슨해진 자신에게, 내가 누구인지에 대한 해답을 찾을 수 있도록 함으로써 우리의 일상에 더 많은 활력과 생기를 불어넣는 것이다. 또한 '저 사람은 왜 저럴까? 도대체 이해가 안 돼' 라고 생각하며, 갈등과 대립의 촉각을 곤두세워왔던 다른 사람들과 함께 조화롭게 어울려 살아가는 방법을 찾는 것이다.

이제 우리 모두 자신의 '다름' 을 당당하게 주장하고, 다른 사람들의 '다름' 을 자연스럽게 인정하는 지혜를 가지기 위한 여행을 떠나보자.

다름은 아름다운 것이다

Chapter 1

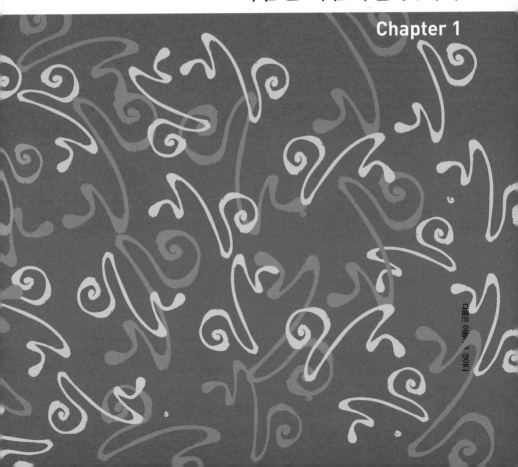

다름은 아름다운 것이다

'다름'은 아름다운 것이다. 그렇지만 우리는 '다름' 때문에 아파하며, '다름'으로 인해 다투고, 서로의 '다름'에 대해 비난한다. 우리가 아파하고, 다투고, 서로를 비난하는 것이 우리의 '다름' 때문이라는 것을 제대로 인식하지도 못하고 있는 것이다. 우리에게 있어서 서로의 '다름'은 어떤 의미를 가지고 있으며, 어떻게 드러나고 있을까? 우리 삶에 녹아 있는 '다름'의 흔적들을 발견해보자.

다르다는 이유로 겪는 아픔들

우리는 지금까지 '다름' 을 인정하지 않고 수용하지 못해
나 자신도 아파하고 다른 사람들에게도 아픔을 주었다.

어느 날 한 아버지가 초등학교 3학년인 딸아이를 데리고 심리 검사
를 받으러 왔다. 이유는 '딸아이의 성격이 너무 소극적이어서' 였다.
아이의 소극적인 성격이 나중에 사회생활을 하면 문제가 될 것 같다
면서 성격이 바뀔 수 있도록 해달라고 신신당부했다.

　아이는 처음에 다소 낯을 가리고 부끄러워하긴 했지만, 검사가 진
행되자 아빠의 말과는 달리 웃기도 잘하고 이야기도 잘하면서 검사
를 재미있어 했다. 검사 결과상 지능이 우수하고 대인관계나 성격도
긍정적인 특성이 많은 것으로 나오는 등, 아빠가 걱정하는 부분들을
쉽게 납득할 수 없었다.

　아빠의 말과 아이의 행동이 일치하지 않는 것에 대해 다시금 아빠
와 대화를 했는데, 그는 검사 결과를 믿으려고 하지 않았다. 그러면
서 "제 딸의 행동을 보면 딱 저 어렸을 때와 똑같습니다. 제가 사회생

활에 얼마나 어려움이 많았는데요. 제 딸이 저와 똑같은 길을 가게 할 수는 없습니다. 성격을 꼭 바꿔줘야 합니다"라고 했다.

그 순간 아이가 정상인지 문제가 있는지를 떠나서 오히려 그가 그동안 겪어야 했던 아픔이 느껴졌다. 그는 전형적인 남성의 성향이라기보다는 조용하고 차분한 아이였고, 적극적이고 활동적이기보다는 사색적이고 상상이 많았을 것이다. 그런 그가 항상 남자다움을 강조하고 권위적이었던 그의 아버지와 군대로 상징되는 남성 문화 속에서 자신의 사색적이고 차분한 성격에 대해 긍정적인 점들을 발견하기보다는 부적절감과 열등감을 느끼면서 살아왔던 삶의 아픔들이 느껴졌다. 그리고 그런 아픔을 자식에게 물려주고 싶지 않아 하는 아빠의 애타는 마음 때문에 가슴이 찡했다.

서로를 인정하는 아름다운 세상을 바라며

우리는 한 사람의 독립된 존재로서 나름대로의 고유성을 인정받고 싶어 한다. 그럼에도 불구하고 자신에게 요구되는 사회의 압력이나 역할의 획일성 때문에 스스로의 다양성과 특성을 제대로 인정받지 못하고 생활하게 된다.

한편 자신의 고유성과 자연스러운 특성을 인정해주지 않는 사회 분위기 때문에 그렇게 고통받았으면서도 때로는 은연중에 타인에게도 이를 요구한다. 즉 다양성을 인정하는 건강한 접근보다 이전에 내가 겪었던 아픔을 겪지 않도록 하려는 즉각적이고 근시안적인 접근으로 대처하는 것이다. 하지만 이는 또 다른 아픔을 낳고, 다양성을 인정하지 않는 문화를 또 다시 전파하는 기능을 한다.

우리는 지금까지 '다름'을 인정하지 않고 수용하지 못해 충분히 아픔을 겪어왔다. 이제 우리는 내가 가슴 아파했던 일들과 다른 사람들에게 아픔을 주었던 일들을 계속 반복할 것인지, 아니면 나와 다른 사람들을 인정하고 수용함으로써 아름다운 '다름'을 만들어갈 것인지 결정해야 한다.

여러분의 선택은 무엇인가? 나 자신도 아파하고 남들도 아프게 할 것인가, 아니면 조금만 눈을 돌려 나도 인정받고 타인도 인정하는 아름다운 세상을 만드는 데 동참할 것인가?

다르다는 이유로 싸우는 사람들

우리 자신이 '다름'을 어떻게 이해하고 받아들이냐에 따라
행복과 즐거움을 얻을 수도 있고, 갈등과 대립에 이를 수도 있다.

고객사였던 모 회사의 이사님께서 어느 날 개인 상담을 요청해왔다.
자기 부인과의 관계 때문에 전문가의 조언이 필요하다는 것이다. 이
후 직접 만나서 들은 이사님의 사연은 이미 심각한 단계에 이르러
있었다. 이사님은 이미 마음속으로는 이혼까지도 생각하고 있는 상
황이었으며, 자신을 무시하고 인정하지 않는 부인과의 어려움에 대
해 토로했다.

어떤 일 때문인지 자세하게 묻자, 이사님은 일례로 자신의 결혼기
념 여행을 들었다. 결혼 후 15년이 되어 이사님 나름대로는 15주년을
기억할 만한 이벤트로 15주년 결혼기념 여행을 기획했고, 미국의 주
요 도시들을 돌아다니며 명소들을 돌아보는 14박 15일의 여행 계획
을 세웠다. 비용도 비용이지만 나름대로 많은 즐거움과 추억을 남기
고자 꼼꼼한 계획을 세웠다.

막상 자신이 오랫동안 생각하고 준비한 여행을 떠났지만, 당사자인 부인은 별로 좋아하지 않는 것이었다. 처음 며칠은 괜찮은 듯이 보이더니 이후로는 계속 피곤해 하고 지친 모습을 보였으며, 자신이 매우 노력하고 애써서 기획한 여행에 대해 별다른 칭찬이나 고맙다는 말도 없이 자꾸만 호텔에서 쉬자고만 했다.

이사님은 이런 부인의 태도와 행동을 보면서 자신의 성의와 노력을 무시한다는 느낌을 받았지만 그래도 좋게 생각하려고 했다. 결국 여행은 뭔가 불만족스러운 느낌으로 끝났고, 부인에 대한 서운함과 불만은 점점 더 커져만 갔다. 평소에도 주말이면 온 가족이 같이 여행도 가고 놀이동산 등을 다니면서 즐거운 시간을 갖고자 하는 남편과 일주일에 하루라도 쉬고 싶어 하는 부인 사이에 잦은 갈등이 있어 왔던 터였다.

가만히 이야기를 듣고 난 후, 필자는 이사님께 외향형 성격과 내향형 성격의 차이에 대해 설명해주었다. 외향형 성격은 평상시 매우 적극적이고 활동적이며 특히 여행 등에서 다양한 경험을 하기 좋아하는 반면에, 내향형 성격은 평상시 조용하고 차분한 행동을 보이며 많은 곳을 돌아다니거나 지나치게 새로운 경험을 하는 것보다는 익숙하고 편안한 곳에서 휴식을 취하는 것을 선호하기 때문에 빡빡한 일정의 행군하는 듯한 여행은 매우 힘들 수 있다는 것을 말씀드렸다.

특히 외향형은 자신의 불만이나 어려움을 적극적으로 표현해 상황을 개선하려고 하지만, 내향형은 외적으로 표현하기보다는 스스로 참고 견디며 삭이는 방식으로 대응한다는 설명을 덧붙였다. 이런 이유로 사모님께서는 아마도 여행 일정 자체가 매우 부담스러웠을 것이며, 속으로는 무척 고마워하면서도 다만 이를 잘 표현하지 않았을 뿐이라고 말씀드렸다.

이와 같은 설명을 듣자 아주 뚜렷한 외향형 성격을 가진 이사님은 "아하!" 하는 탄식과 함께 그동안 해결되지 않고 이해하기 어려웠던 많은 부분들에 대한 해답을 얻을 수 있었다. 뚜렷한 내향형 성격을 가진 부인이 주말이면 왜 그렇게 쉬고 싶어 했는지, 여행시 왜 그렇게 뭔가 불만이 있는 듯한 얼굴 표정을 하고 있었는지, 또한 평상시 부부싸움을 할 때 왜 자신만 그렇게 말하고 부인은 가만히 인상을 굳힌 채 사람을 답답하게 했는지 등에 대해 이해하게 되었다.

그런 다음 처음에 부인을 좋아하게 되었던 이유에 대해 묻자 '말 없이 조용하고 차분한 성격'을 꼽았으며, '그렇게 진중하고 생각 깊은 모습이 참 보기 좋았다'는 말을 들을 수 있었다.

다름을 인정하는 것이 행복의 시작이다

우리는 이처럼 서로 다른 모습에 강한 매력을 느끼면서도, 결국 이때문에 갈등을 겪으며 살고 있다. 한때는 그 모습이 그렇게 좋아 보이고 그 모습 때문에 한평생을 같이 할 동반자로 선택하지만, 그런 성격과 관련된 다른 특성들에 대해서는 인정하지 않고 내 방식대로만 따라와주기를 원하는 이중적인 요구를 하고 있는 것이다.

이러한 이중성은 결국 함께 존재하기 어려운 여러 가지 특성들을 한 사람에게 요구하는 불합리한 기대감을 형성하며, 이 때문에 서로 화해하기 어려운 갈등을 낳는다. 따라서 서로의 심리적 특성에 대해 정확하게 이해하고 있다면, 또한 이와 관련된 다양한 특징들을 잘 알고 있다면, 아마 세계 2위의 이혼국가라는 불명예를 떨칠 수 있을 것이다.

'다름' 이란 내가 가지지 못한 것을 가졌다는 것에 대한 묘한 환상과 매력을 뜻하는 반면에, 나와 다르다는 이유로 갈등과 분쟁의 씨앗을 내포하고 있다. 그렇다면 '다름' 의 이중적인 특성 중 새로운 조화와 통합으로 만들 것인지, 아니면 대립과 갈등으로 이끌어갈지를 결정하는 요인은 무엇일까? 왜 어떤 사람들은 '다름' 으로 인해 즐겁고 행복한 반면에 어떤 사람들은 '다름' 으로 인해 싸우고 대립할까? 과연 '다름' 이라는 것 자체가 잘못된 것인지, 아니면 이와 같은 '다름' 을 제대로 이해하고 수용하지 못한 우리 자신의 문제인지 진지하게 고민해보자.

'다름' 을 즐거움과 행복을 만들어주는 매개체로 활용할 것인지, 아니면 갈등과 대립으로 이끌어가는 수단으로 사용할 것인지에 대한 최종적인 선택과 책임은 우리 자신에게 있다. 우리 자신이 어떻게 결정하느냐에 따라 행복과 즐거움을 얻을 수도 있고, 갈등과 대립에 이를 수도 있다.

다른 것은 틀린 것이 아니다

다른 것은 존중받아야 할 뿐, 틀린 것도 나쁜 것도 아니다.
나와 타인의 '다름'을 인정함으로써 새로운 조화를 만들자.

고객사의 김부장은 항상 필자가 하는 일에 인정과 격려를 아끼지 않는다. 김부장과의 인연은 약 2년 전으로 거슬러 올라간다. 회사의 50명 정도 되는 팀장들을 대상으로 자신, 상사, 동료, 부하 직원들의 평가를 통해 자신의 모습을 객관적으로 보게 하는 360도 다면평가를 실시하고 난 후, 그 결과를 해석해주는 코칭 세션을 할 때였다.

그들 중 박과장이 직속 상사인 김부장과의 불화에 대해 이야기했고, 회사 내 역할이나 관계 등에 대해 상담했다. 그런데 며칠 후 김부장 역시 필자에게 전화해 박과장과의 문제를 상의하고 싶다고 했다.

김부장은 나름대로 자신의 입장에 대해, 그리고 박과장과 어떻게 지내야 하는지에 대해 조언을 구했다. 항상 성실하면서 빠른 일 처리와 눈에 띄는 성과로 누구보다도 회사 내에서 인정받고 있는 김부장과 늘 뭔가 생각에 잠긴 듯하고 성과보다는 가능성이나 아이디어에 관심이 많으며 그로 인해 일 처리 속도가 느린 박과장과의 잦은 충돌과 보이지 않는 갈등은 이미 극에 달해 있었다.

이 문제에 대한 필자의 해결책은 간단했다. 비록 개별적으로 상담을 했지만, 우선 각자 느끼는 답답함이나 갈등에 대해 감정적으로 해소하도록 했다. 그리고 박과장과의 세션에서는 김부장에 대해 지금 자신과 갈등을 일으키는 부분이 아닌 다른 면들을 포함해서 객관적으로 평가해보도록 했으며, 김부장에게도 역시 평상시 박과장에게 느끼던 나름대로의 장점과 단점을 말해보도록 했다.

그런 다음 두 사람에게 이런 장점과 단점을 가지고 있는 서로가 과연 이 문제를 어떻게 해결할지에 대해 되물었으며, 마지막으로 참고 속으로만 생각하지 말고 서로에게 자신은 어떤 사람이고 어떤 것을 원하는지, 그리고 상대방에 대해서는 어떤 것을 기대하고 어떻게 생각했는지 대화하는 시간을 꼭 가지라고 당부했다.

그 후 두 사람은 그 일을 계기로 많은 이야기를 나누었고, 지금은 뗄래야 뗄 수 없는 관계가 되었다. 어느 날 김부장은 필자에게 "알고 보니 박과장이 참 생각도 깊고, 나름대로 장점이 많은 사람이었어요. 저한테 참 보완적이고 필요한 사람이더군요"라고 말해왔다. 이 이야기를 듣는 필자의 마음은 훈훈함, 그 자체였다.

다른 것은 나쁜 것이 아니다

필자는 종종 "성격이 다른 사람과 결혼하는 게 좋아요? 아니면 비슷한 사람끼리 결혼하는 게 좋아요?"라거나 "동료나 부하 직원으로 성

29

격이 다른 사람이 좋아요? 아니면 성격이 유사한 사람과 함께 일하는 게 좋아요?"라는 질문을 받곤 한다. 그러면 필자는 "지금 사귀는 사람이나 동료와 성격이 다르세요, 아니면 비슷하세요?"라고 되묻는다.

누구나 성격이 비슷한 사람과 결혼하거나 일을 하면 스타일이 비슷하기 때문에 편하다는 것을 알고 있고, 성격이 다른 사람과 결혼하거나 일을 하면 서로의 단점을 보완해줄 수 있다는 것을 알고 있다. 그럼에도 불구하고 우리는 이 평범한 진리를 자주 잊어버린 채 내 스타일대로, 혹은 내가 원하는 방식대로 행동해주지 않는 상대방을 이해하지 못하며 원망하고 답답해한다.

서로 다르다는 것은 절대로 틀린 것이 아니다. 우리는 연애할 때 서로 다른 성격에 매력을 느끼며, 새로 입사한 사원이 나와 다른 성격을 가진 것을 보면 나의 부족함을 채워줄 수 있는 보완적인 사람일 거라는 생각을 한번쯤은 한다.

하지만 우리는 금세 서로의 중요함과 가치를 잊어버린다. 돌이켜 생각해볼 때 내가 싫어하는 누군가가 정말로 못된 사람이고, 문제점 투성이인가? 아니면 나의 감정과 경직된 선호 때문에 한 면만을 보고, 타인의 장점을 발견하지 못하는 우를 범하고 있는 것은 아닌가?

우리 자신이 '틀린 선택'을 했다는 것은 잘못이 아니다. 올바르고 합리적인 선택을 했지만, 나와 타인의 '다름'을 인정하지 않고 수용하지 못함으로써 새로운 조화와 어울림을 만들지 못하는 것이 잘못인 것이다.

서로의 다름을 인정해주는 세상이 그립다

나와 다른 점을 발견하면 '참 이상한 사람이네'라고 생각하기보다
'나랑 참 다른 사람이구나'라고 받아들이는 세상을 꿈꾸어본다.

종종 고객사 직원들에 대한 성격 평가를 한 후, 필자 스스로 깜짝 놀라는 때가 많다. 분명히 많은 사람들이 모여 어울려 살고 있는 회사임에도 불구하고, 성격 유형들이 다양하게 분포되어 있지 못하고 한쪽으로 편향되어 있기 때문이다.

예를 들어 대기업일수록 적극적이고 과제중심적이며 계획적인 사람들이 많은 반면에 소극적이지만 신중한 사람, 과제보다는 과제를 수행하는 가운데 대인관계를 중시하는 사람, 계획성과 체계성은 부족하지만 창조적이고 독창적인 사람들이 적으며, 이런 경향은 임원으로 갈수록 더욱 심화된다.

우리는 이미 1970년대와는 매우 다른 세상을 살고 있다. 말로는 독창성과 다양성이 중요하다고 강조하면서도 왜 이렇게 획일화된 틀에서 아직도 벗어나지 못하고 있는 것일까?

기업을 대상으로 한 워크숍이나 교육을 실시할 때면 이렇게도 다르게 생각하고, 다른 것을 좋아하며, 좋아하는 근무 환경도 다르고, 말하는 스타일도 다른 사람들이 함께 살아가고 있다는 것에 참으로 신기해하고 놀라워하는 사람들을 보면서 필자 역시 놀란다. 서로의 차이도 모르면서 그동안 도대체 어떻게 조화를 이루고 살았을까? 혹시 서로의 차이를 인식하고 인정하며 수용하기보다는 단지 참고 견디면서 답답하지만 어쩔 수 없는 상황으로 받아들이며 살았던 것은 아닐까?

받아들임이야말로 갈등 해결의 시작이다

우리는 우리도 모르는 사이에 자신의 기준으로 남을 평가한다. "우리 아이가 수학 능력이 너무 뛰어난데 혹시 영재가 아닐까요?"라고 묻는 부모는 많지만, "우리 아이가 어렸을 때부터 너무 운동을 잘해요. 혹시 체육 영재가 아닐까요?"라고 묻는 부모는 별로 없다. 그나마 소위 '체육 잘하는 우리 아이' 문제는 골프나 프로 스포츠 스타들이 성공하는 것을 보면서 많이 나아졌지만, 아직도 "우리 아이가 공부는 안 해도 친구들과는 잘 어울려 노는데, 혹시 대인관계 능력이 좋은 것은 아닐까요?"라고 물어오는 엄마들은 없다는 현실이 서글프다.

나와 같지 않아 이해할 수 없다는 이유로 젖혀두거나 내 방식을 따라올 것을 강요하기보다는 어떻게 다른지 이해하기 위해 더 많이 대화하고 상대방의 방식을 존중하고자 하는 세상, 나의 기준이나 사회의 일반적이고 획일적인 기준으로 평가하기보다는 상대방의 고유성과 독특성을 발견하기 위해 노력하는 세상은 아직 멀리 있는 것일까? 나와 다른 점을 발견하면 '참 이상한 사람이네' 라고 생각하기보다는 '나랑 참 다른 사람이구나' 라고 중립적이면서 보완적으로 생각하는 세상, 이와 같은 '다름' 이 자연스러운 '다름' 으로 인정받고 '다름' 이 '어울림' 으로 균형을 이루는 세상을 기대하기엔 아직 이른 것일까? 서로의 '다름' 을 인정해주는 열린 마음들이 그립다.

톡톡 튀는 다름의 조화가 행복의 시작이다

나의 '다름'과 다른 사람의 '다름'을 인정하고 수용하는 것,
그것이 삶과 일에서 행복과 즐거움을 만들어가는 첫걸음이다.

얼마 전 회사를 세운 지 6개월밖에 안 되는 회사의 창립 멤버들을 대
상으로 성격 평가를 해준 적이 있었다. 이 회사는 세 명의 친구들이
동업 형식으로 창업을 한 회사다. 그런데 성격 검사 결과 필자는 흐
뭇한 미소를 지으면서도 한편으로는 걱정스러운 마음이 생겼다. 그
이유는 세 명의 성격이 너무도 판이하게 달랐기 때문이다.

한 명은 아주 사교적이고 적극적인 성격으로 대인관계 능력이 뛰
어나 앞에 나서거나 사람들을 만나는 일에 조금도 망설임이 없던 반
면에, 다른 한 명은 지나칠 정도로 꼼꼼하고 완벽주의적인 성격으로
원리와 원칙에 충실했다. 한편 나머지 한 명은 아주 유연하고 상황
적응력이 우수한 성격으로 자신의 색깔을 주장하기보다는 다른 사
람들과의 조화를 중요하게 여기며, 주변에 맞추어 자신을 카멜레온
처럼 변화시키는 데 능했다.

이런 너무도 다른 성격의 사람들이 모여 회사를 창업했다고 하니 한 회사의 구성원으로서는 매우 보완적인 관계였기 때문에 흐뭇한 미소를 짓게 되었던 반면, 이들이 서로 이해하지 못하고 갈등을 일으키면 참 어렵겠다는 생각에 걱정스러운 마음을 가지게 되었다.

검사 결과를 해석해주기로 약속한 날 세 명의 동지들이 와서 함께 설명을 듣고 난 후, 서로 신기해하기도 하고 즐거워하기도 하면서 그동안 쌓여왔던 오해와 이해되지 않았던 점들을 서로 나누는 모습을 묵묵히 지켜보았다. 필자는 그때 그들에게서 희망을 볼 수 있었고, 눈에 보이지는 않지만 서로 더욱 가까워지고 건강하게 얽혀가는 모습을 발견할 수 있었다.

이제야 너를 알 것 같아

때때로 부부 간에 수많은 갈등과 대립으로 마음의 깊은 상처를 가지고 찾아와서, 처음에는 큰소리로 상대방을 비난하다가 나중에는 눈물을 흘리며 자기의 감정을 표현하고, 마지막에는 다시금 애틋한 정을 나누며 다정하게 손을 잡고 팔짱을 낀 채 나가는 사람들의 모습을 볼 때면 새로운 행복의 시작을 발견한다.

같은 직장과 사무실에서 몇 년을 근무하면서 서로 말 못할 앙금을 가지고 있던 차에 워크샵 중간에 살짝 다가가 "넌 무슨 형이니? 이제야 너를 좀 알 것 같다"라고 말하며, 서로 호기심과 관심의 눈길을 주고받는 사람들을 보면서도 행복의 시작을 예감한다.

지금 내 옆에 있는 사람들, 내게 중요한 사람들, 그리고 나를 힘들게 했던 사람들이 과연 나와 어떻게 다르게 생각하며, 어떻게 다르게 행동하는지에 대해 관심을 가지는 것, 즉 나의 '다름'과 다른 사람의 '다름'을 인정하고 수용하는 것, 그것이 바로 나의 삶과 일에서 행복과 즐거움을 만들어가는 첫걸음이다.

왜 너와 나는 다를까?

Chapter 2

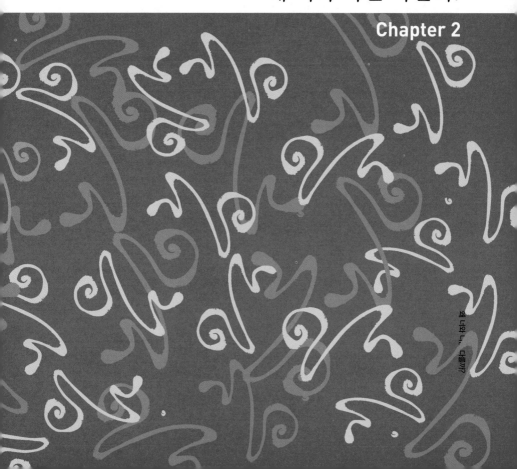

왜 너와 나는 다를까? 우리가 서로 다르게 생겼다는 것에 대해서는 어느 누구도 의문을 가지지 않지만, 우리들 마음의 '다름'은 눈에 보이지 않는다는 이유로 제대로 인식하지 못하고 있다. 우리는 태어나면서부터 다르고, 다르게 길러지며, 자신이 처한 환경과 역할 속에서 서로의 '다름'을 만들어간다. 우리가 왜 서로 다를 수밖에 없는지, 그 원인과 과정은 무엇인지 하나씩 살펴보도록 하자.

다름의 이유를 찾아 떠나며

우리는 왜 다른 것일까? 심지어 한배에서 태어난 쌍둥이도
다른 이유는 무엇일까? 이제 그 이유를 찾아 떠나자.

옛말에 '다섯 손가락 깨물어 안 아픈 손가락 없다' 는 말이 있다. 어떤 자식이든지 모두 내 자식이며, 다 똑같이 사랑한다는 말이다. 그런데 가만히 보면 다섯 손가락은 전부 다르게 생겼고 각각 다른 기능을 한다. 만약 엄지 손가락이 없으면 물건을 잡거나 드는 데 매우 큰 어려움을 겪겠지만 제일 작고 두껍게 생겨 볼품이 없다. 한편 새끼 손가락은 가장 가늘고 힘도 별로 쓰지 않지만 애인과 나중에 꼭 결혼해서 행복하게 살자는 언약을 할 때에는 새끼 손가락을 걸며 약속한다. 그러면서도 정작 결혼 반지는 넷째 손가락에 양보한다.

다섯 손가락은 모두 다르게 생기고 다른 기능을 하는데, 어느 하나 쓸모없는 손가락이 없다. 마찬가지로 우리 모두도 각자 다른 얼굴 생김과 마음 생김을 가지고 태어나, 저마다의 삶을 살아간다. 그러면서 우리는 어울려 하나의 세상을 이루고, 때로는 갈등하고 때로는 조화

하면서 살아간다. 다음의 예를 보자.

선생님께 상담드리고 싶어 글을 올립니다. 저는 8살과 5살 두 아이를 두고 있는데, 서로 성격이 너무 달라 고민입니다. 첫째는 남자 아이인데 성격이 소심하고 차분한데 반해 둘째는 여자 아이인데도 너무 활동적이고 적극적입니다. 큰아이의 경우 나이가 한참 위인데도 동생한테 질 때도 많고 뭐든지 쉽게 포기하고 양보도 많이 하는 반면에, 동생은 무엇이든지 자기가 다 가지려 하고 오빠한테도 절대 지지 않으려고 해요. 물론 친구들 사이에서도 대장 노릇을 하구요.

둘이 싸웠을 때 같이 앉혀 놓고 똑같이 혼내도 동생은 10분만 지나면 언제 그랬냐는 듯이 헤헤거리면서 노는데, 오빠는 저녁 내내 시무룩합니다. 한번은 다음 날 아침 눈이 퉁퉁 부어서는 "엄마, 제가 잘못했어요. 다시는 안 그럴게요" 라고 말하는데 제가 아주 많이 놀랐답니다.

큰아이 때는 제가 직장을 다니고 있어서 주변의 아이 키우는 아줌마에게 부탁을 했고, 둘째 때는 아예 직장을 그만두고 제가 직접 키웠는데, 이 때문에 큰아이가 그런 소심한 성격이 되지 않았나 걱정이 되면서 죄책감도 많이 들어요. 지금이라도 성격이 변할 수 있는 건가요? 제가 어떻게 해야 할지 모르겠어요. 꼭 좋은 조언 부탁드립니다.

흔히 받는 상담 메일 중 하나이다. 두 아이가 너무 달라 과연 어떻게 키워야 하는지에 대해 걱정하는 메일로, 보통의 엄마들이라면 이런 의문을 종종 가져본 경험이 있을 것이다. 분명 한 부모가 낳고 기른 아이들임에도 불구하고 왜 이렇게 다른 것일까? 심지어 한배에서 태어난 쌍둥이도 다른 이유는 무엇일까? 이제 그 이유를 하나씩 짚어가보자.

사람은 태어날 때부터 다르다

다 름 의 심 리 학

사람들은 왜 태어날 때부터 다를까? 그 해답은 유전적인 요인과
기질에서 찾을 수 있다. 이를 아는 것이 타인을 향한 이해의 시작이다.

다음 글을 읽고 맞다고 생각하는 것에 답해보시오.

일란성 쌍둥이는 같은 난자에서 발생하는 두 개체이기 때문에 동일한 유전자를 가지는 반
면, 이란성 쌍둥이는 각각 하나의 난자와 하나의 정자가 만나서 두 개체가 발생하는 것이기
때문에 서로 다른 유전자를 가진다. 따라서 일란성 쌍둥이는 생김새나 대부분의 특성이 유
사하지만, 이란성 쌍둥이는 생김새가 다르고 때로는 성별도 다른 경우가 있다. 이것이 일란
성 쌍둥이와 이란성 쌍둥이의 차이다.

질문 _ 10세가 되었을 때 일란성 쌍둥이의 지능이나 성격은 이란성 쌍둥이의 지능이나 성
격에 비해 더 유사한 특성을 가지고 있을 것이다.

예 _____   아니오 _____

흔히들 아이를 낳고 길러본 부모님들이 하시는 말씀이 있다. "넌 어렸을 때 잠도 안 자고 너무 까탈스러워 고생했어", "넌 어려서 너무 순해서 성날 손이 안 갈 정도였지" 등등. 이런 이야기를 가만히 들여다보면 아이들은 태어날 때부터 다르다는 생각을 하게 된다. 심지어는 "엄마 뱃속에 들어 있을 때부터 발차기가 너무 심해 분명 아들일 것이라고 생각했단다" 등과 같이 태아일 경우에도 다른 특성과 행동을 보인다는 이야기들을 우리는 쉽게 접할 수 있다. 이렇게 사람들은 태어날 때부터 각자의 '다름'을 가지고 태어난다.

유전적인 요인이 다름의 시작이다

'왜 사람들은 태어날 때부터 다를까?' 이 문제의 정답은 '예'로, '유전적인 요인'이 영향을 미치기 때문이다. 보통 일란성 쌍둥이의 경우에는 이란성 쌍둥이의 경우에 비해 성인기에 이르러서도 지능이나 성격적 특성에서 유사한 정도가 훨씬 높다. 일란성 쌍둥이가 어쩔 수 없는 사정으로 다른 환경에서 성장했을 때도 마찬가지다.

즉 다른 부모와 다른 환경에서 자란 일란성 쌍둥이는 같은 부모와 같은 환경에서 자란 이란성 쌍둥이에 비해 성인기에 이르러서도 지능이나 성격적인 특성에서 유사한 정도가 더 높다. 비록 같은 부모와 같은 환경에서 자랐을 때와 비교하면 약하지만, 양육 환경이나 양육자에 상관없이 유전자가 동일한 경우 유전자가 서로 다른 경우보다 더 높은 유사성을 가진다는 면을 보면 유전적인 요인들이 성격이나 지능 형성에 중요한 영향을 미친다는 증거로 해석할 수 있다.

1967년 캐나다에서 쌍둥이로 태어난 브루스는 생후 8개월이 되던 때 포경수술 중에 의료 사고로 페니스를 잃었다. 브루스의 부모는 불완전한 생식기를 가지고 태어난 신생아들의 경우 수술과 호르몬 치료를 통해 적합한 성을 부여하면 된다는 성전환 전문가 존 머니 박사의 권유로 아이의 성전환 수술을 결정했고, 브루스는 여자 아이 브렌다로 길러졌다. 성전환 수술로 새롭게 태어난 브루스는 매년 정기적으로 존 머니 박사에게 상담을 받았으며, 가족들이나 함께 태어났던 쌍둥이 동생마저도 철저한 통제 아래 브루스를 브렌다로 기르는 연구가 진행되었다.

그런데 브렌다가 14세가 되었을 때 자신이 남자로 태어났으며, 사고로 페니스를 잃고 여자로 성전환 수술을 받게 되었다는 사실을 알게 되었다. 이후 브렌다는 남자로 돌아가기로 결심하고 데이비드 라이머로 이름을 바꾼 후에 페니스 재건 수술을 받았으며, 결혼까지 해서 남자로서 생활하고 있다.

데이비드가 브렌다였을 때 자신의 정체성은 남자였음에도 불구하고 여성성을 강요당하는 현실이 적응하기 힘들었고 정신적 고통은 심했다. 하지만 자신이 원래 남자였다는 것을 알았을 때 오히려 자연스럽게 받아들이고 홀가분한 느낌을 가질 수 있었다고 고백했다.

이 이야기는 성별과 관련된 생물학적이고 유전적인 결정론을 지지하는 사례이다. 이 사례는 성별이나 성별과 관련된 행동 특성들이 환경에 의해 길러진다는 점을 부정하는 것이라기보다는, 우리가 부인할 수 없는 유전적인 요소들이 분명히 있다는 점을 지지하는 것으로 해석하는 것이 바람직하다. 이와 같이 성별이나 그와 관련된 행동 특성에서도 우리는 쉽게 유전적인 특성들을 찾아볼 수 있다.

이와 마찬가지로 다른 성격적인 특징들 중에서도 유전적인 요인에 따라 선천적으로 타고나는 것들이 있다고 알려져 있다. 특히 외향성과 내향성의 경우에는 비교적 태어날 때부터 그 특성을 가지고 태어나는 것으로 알려져 있으며, 이후에도 쉽게 변하지 않는다.

그럼에도 불구하고 "나는 어렸을 때에는 내성적인 성향이 강했지만, 크면서 성격이 많이 바뀌어 외향적이 되었다"고 말하는 경우들이 있는데, 이는 엄격히 말하면 성격 자체가 외향적으로 바뀌었다기보다는 외향적인 것처럼 보이는 기술들, 즉 사람들과 사교하는 기술이나 대인관계에서의 자신감, 적극적으로 일해야 한다는 신념 등과 같이 외적인 행동이나 기술들이 발달한 경우가 많다. 그래서 외향적인 성격이 된 것 같아도, 일이 많거나 지칠 때에는 사람들을 많이 만나는 것이 힘들고 자기 혼자만의 시간을 갖고자 하는 욕구가 커지게 된다.

기질이 차이를 결정한다

'왜 사람들은 태어날 때부터 다를까?'에 대한 두 번째 해답은 유아들에게서 나타나는 '기질(temperament)'이라는 특성에서 찾아볼 수 있다. 태어난 지 얼마 안 되는 아이들이 모여 있는 신생아실에서 내 아이를 금방 찾아낼 수 있듯이, 우리는 마음 생김도 다 다르게 태어난다. 이렇게 아이들이 주변 환경에 대해 다르게 반응하고 다른 특성을 가지고 있는 것을 발달심리학 등에서는 기질이라고 부른다.

이를 알아보기 위한 제일 간단한 방법은 나를 양육한 사람(주로 어머니)에게 질문을 던져보는 것이다. "나는 어렸을 때 어떤 아기였어요?" 어떤 사람은 잘 먹지도 않고 잠도 잘 안 자서 부모님을 무척 고생시킨 아이였는가 하면, 꼭 다 큰 아이 키우는 것처럼 먹기도 잘 먹고 잠도 잘 자서 별로 손이 안 가는 아이였던 사람도 있을 것이다.

인간은 태어날 때부터 서로 다른 기질을 가지고 태어나는데, 이는 크게 순한 아이(easy child), 까다로운 아이(difficult child), 느린 아이 (slow to warm up child)의 세 가지 유형으로 구분할 수 있다.

순한 아이는 대체로 부모들이 양육하는 데 있어서 특별한 문제나 어려움 없이 편하다고 느끼는 아이들이다. 잠을 자거나 먹는 것이 비교적 순조롭고, 낯선 환경에 처해도 낯가림 없이 비교적 잘 지내는 편이다.

반면에 까다로운 아이의 경우에는 나중에 커서 부모들한테 끊임없이 "넌 어렸을 때 정말 고생 많이 시켰다"는 피드백을 받는다. 즉 잠자는 것도 불규칙하고 먹는 것도 까다로워 쉽게 토하기 일쑤이며, 낯선 사람들에게는 잘 가지도 않고 주로 엄마 등과 같이 익숙하고 편안한 사람에게만 매달리는 경우가 많다.

한편 느린 아이는 모든 것이 느리다는 의미는 아니지만, 다른 아이들에 비해 새로운 것에 적응하는 발달 과정 중 몇 가지가 느린 경우

46

에 해당한다고 볼 수 있다. 대체로 순하고 별 문제 없이 크지만 언어 발달과 같은 몇 가지 주요 발달 과정에서 핵심적인 요소들의 발달이 느린 경우나, 아니면 유치원이나 학교에 적응하는 데 시간이 많이 걸리는 등의 행동을 보이는 경우라 할 수 있다.

이처럼 인간은 태어날 때부터 다른 특성을 갖고 태어나며, 이 중에서 어떤 것은 나중에 성장해서도 쉽게 변하지 않는다. 따라서 이런 경우에는 자신이나 내 아이가 어떤 특성을 가지고 있는지, 그리고 어떤 식으로 바뀌어왔는지 잘 알고 이해하는 것이 중요하다.

사람은 다르게 길러진다

부모나 양육자 등 아동기의 주요 인물들은 우리가 세상에 대한
기본적인 태도와 핵심적인 가치관을 형성하는 데 큰 기여를 한다.

다음 글을 읽고 맞다고 생각하는 것에 답해보시오.

> 부인 : 이번에 철수 성적이 많이 떨어졌어. 얘는 왜 이리 수학을 못하는지 모르겠어. 왜 이렇
> 게 머리가 나쁜 거야. 정말 속상해 죽겠네.
>
> 남편 : 그걸 몰라서 물어? 아이들 지능은 다 엄마를 닮는다잖아. 철수 머리 나쁜건 다 당신
> 책임이라고. 에이구, 결혼할 때 머리 좋은가도 진지하게 생각해보고 결혼하는 건데.
>
> 부인 : 뭐라고? 무슨 소리야? 난 어릴 때 동네에서 천재 났다고 했어. 어머님이 그러시는데
> 당신이 그렇게 수학을 못했다면서? 그런 것을 보면 당신 닮아서 그런 거지, 왜 엉뚱
> 하게 내 탓이야!

질문 _ 아이의 지능은 엄마의 지능을 따라간다.

예 _____   아니오 _____

사람은 다른 사람의 도움 없이는 생존하기 어려울 정도로 포유류 중 가장 약하게 태어난다. 따라서 어쩔 수 없이 다른 사람들에게 의존할 수밖에 없으며, 이때 의존하는 다른 사람들과의 관계에 따라 매우 다른 특성을 가지게 된다.

특히 생애 초기, 즉 혼자서는 절대로 생존할 수 없고 이동조차도 하기 힘든 시기인 1~2세 때와, 비록 혼자 기본적인 이동이나 생활이 가능하지만 거의 절대적으로 부모나 양육자가 돌보아야 하는 유아기의 경우에는 양육자나 부모의 영향이 절대적이다. 또한 아동기에도 역시 부모나 양육자는 강력한 영향력을 발휘하는 존재로서 기능하며, 양육자나 부모의 양육 태도 등에 따라 많은 '다름'을 형성하게 된다.

성장 환경이 다름을 정한다

앞에서 제시한 문제에 대한 당신의 대답은 무엇인가? 정답은 '아니오'다. 지능이 유전적인 영향을 받기는 하지만 그중에서도 엄마의 지능과 더 상관이 높다는 것은 사실이 아니다.

그러나 어떤 어머니의 경우에는 다양한 자극이나 환경을 제시하고, 아이와의 대화에 적극적으로 임하며, 독립성과 자율성을 강화해 줌으로써 지능을 촉진하고 계발하는 데 도움이 되는 양육 환경을 제공한다. 반면에 어떤 어머니의 경우에는 처벌 중심의 교육을 하고, 자율성과 독립성보다는 통제와 규율을 중심으로 양육하는 등 아이의 특성과 '다름'을 인정하지 않는 방식으로 양육 환경을 제공하기도 한다. 이와 같은 차이들이 나중에 지능이나 성격상에서의 차이를 발생시킬 수 있다.

오늘 박사님의 말씀을 듣고 보니, 제가 왜 이렇게 자신감이 없고 항상 제 자신을 비판하는 성격이 되었는지 이해가 되요. 저희 엄마가 유난히도 엄하셨거든요. 특히 저는 첫째라고 더 엄하게 키우셨어요. 엄마는 제 행동 하나하나에 대해 항상 관심을 두셨고, 흐트러지는 모습을 조금도 용납하지 않으셨어요. 그래서 저 역시도 항상 긴장하고 뭔가 빠뜨리거나 실수하지 않을까 걱정하면서 생활했던 것 같아요.

그러고 보니 제가 칭찬을 받았던 기억은 별로 없네요. 아까 말씀하셨던 대로 성적을 좋게 받아와도 "자만하면 안 된다! 더 열심히 해야 한다!"고 말씀하셨지, 칭찬이나 격려를 해주시지는 않았어요. 그래서 제가 부하 직원들에게 어떻게 칭찬해야 할지 모를 때가 많아요. 솔직히 칭찬과 격려의 말보다 "자만하지 말고 좀 더 열심히 해!"라는 말이 더 쉽게 나와요. 그리고 다른 사람들이 저를 칭찬할 때에도 '나 듣기 좋으라고 하는 소리겠지'라고 생각하는 게 더 편하고, '저런 평가에 자만하지 말고, 좀 더 노력하고 열심히 해야 해!'라고 생각하면서 저 자신을 채찍질합니다.

회사에서 상사나 부하 직원 모두에게 좋은 평을 듣고 유능하다고 인정받음에도 불구하고 스스로에 대한 자존감과 대인관계에서의 자신감이 부족하다는 문제로 상담을 요청했던 강부장의 호소였다. 강부장은 외적으로는 항상 밝은 미소와 긍정적인 태도를 보임에도 불구하고 깊은 내면에서는 자신에 대해 매우 엄격하고 통제적이며, 장점이나 칭찬보다는 단점이나 비판을 먼저 생각하는 경향이 뚜렷했다. 왜 이런 성격을 가지게 되었을까에 대해 이야기하던 중 어렸을 때의 기억을 떠올리면서 눈물짓던 모습이 떠오른다. 그렇게도 엄했던 부모는 힘 없는 노인이 되었지만, 어렸을 때 내재화된 마음속의 엄격한 부모는 지금까지도 계속해서 나를 혼내고 나를 힘들게 하고 있는 것이다.

이렇듯 부모나 양육자와 관련된 아동기 경험 등은 세상에 대한 기본적인 태도나 나의 핵심적인 가치관을 형성하는 데 큰 기여를 한다. 우리가 흔히 만나는 사람들 중에는 세상이나 자신의 미래에 대해 희망적이고 긍정적으로 사고하는 사람과, 매사에 부정적으로 생각하고 독선적인 경향을 가진 사람이 있다. 컵 안에 반 정도 차 있는 물을 보면서 어떤 이는 "물이 반 밖에 없네!"라고 부정적으로 말하는 반면에 어떤 이는 "물이 반이나 있네!"라고 긍정적으로 말하는 것처럼 중립적인 사건을 받아들이고 해석하는 데에도 다른 입장과 결론을 보인다.

따라서 우리는 우리가 기억하지 못하는 시절의 경험들로 인해, 그리고 누군가에게 의지할 수밖에 없는 약한 존재로 도움을 주는 사람의 영향을 받을 수밖에 없었던 시절의 관계들로 인해 '다름'을 형성하게 된다.

미운 일곱 살에도 이유가 있다

아이들과 관련된 말들 중에 '미운 일곱 살'이라는 말이 있다. 어른들의 입장에서 보면 말도 안 되는 생떼를 쓰거나 엉뚱한 고집을 부리는 등의 행동을 보이는 발달 시기를 지칭하는 일반적인 용어이다. 왜 이런 말이 생겼으며, 하필이면 '미운'이라는 형용사가 붙을 수밖에 없을까?

보통 만 3세에서 학교에 들어가기 이전인 만 6세까지의 기간은 아이들의 기본적인 신체와 정서 발달이 완성돼 자기 스스로 세상에 대한 적극적인 탐색 행동을 하는 시기이다. 이때에는 기본적인 언어 소통이 가능할 뿐만 아니라 부모가 돌봐주지 않아도 스스로 돌아다니는 이동성이 강화되기 때문에, 자신이 세상의 주인인 것처럼 주도적이고 적극적인 행동을 하는 시기이다.

따라서 아이는 이전과 같이 부모의 통제나 지시를 적극적으로 받아들이기보다는 자신의 주장을 시작하며, 자기 나름대로의 판단과 해석에 따른 주체성이 늘어난다. 또한 주도적이고 적극적으로 세상에 대한 탐색 활동을 수행하기 때문에, 호기심에 가득 차서 여기저기 기웃거리다 보면 놀이공원이나 백화점 등에서 미아가 되기 십상이다.

그러나 이 시기는 아직 인지적으로나 성격적으로 덜 발달된 상태이기 때문에 아이들의 자기 주장성은 성인의 입장에서 보면 일견 불합리하고 비논리적인 '엉뚱하고 말도 안 되는' 것들인 경우가 많다. 이 때문에 아이들은 주변 사람들과 많은 갈등을 초래한다.

이와 같은 발달 특성에 대해 부모는 아이가 주변의 다양한 사물을 적극적이고 주도적으로 탐색하도록 하면서, 때로는 아이를 새로운 환경에 접해보도록 하고 아이 수준에 맞는 적절한 도전과 새로운 자극들을 제공해야 한다. 이를 통해 아이들은 독립적으로 세상을 살아나가는 기본 원리와 자신이 세상의 주체로서 어떻게 기능해야 하는지 학습하게 된다.

하지만 어떤 부모는 성인의 입장에서 보기에는 불합리하고 비논리적인 아이들의 자기 주장성을 성인의 기준에서 판단하고 평가해 무시하거나, 아이들이 독립성과 주도성을 학습하기 위한 적극적 행동에 대해 과도한 처벌이나 통제로 대하는 경우가 있다. 이런 경우 아이는 강한 죄책감을 내재화하게 되며, 독립적이고 주도적인 행동을 학습하기보다는 수동적이고 부모의 눈치를 보면서 행동하는 부적응적 행동 패턴을 학습하게 된다.

아동기 경험이 성격을 좌우한다

때때로 성인기에 있는 내담자들과 심리 치료 수준의 깊이 있는 개인 상담을 할 때면, 이와 같은 아동기 경험이 매우 중요하다는 것을 깨닫는다. 자신의 심리적인 어려움이나 우울함에 대해 이야기하다가 아무런 단서도 주지 않았는데도 스스로 어린 시절의 경험을 이야기하는 경우들이 흔하다.

이미 사회적으로 보면 성공했고, 나름대로의 능력을 잘 발휘하고

왜 나의 나는 다를까?

있다고 보이는 사람들이 어린 시절의 아픔을 가슴 깊이 간직하고 눈물을 흘리면서 이야기할 때면, 그동안 이들이 겪어왔을 아픔에 안타까움을 금할 길이 없다.

때로는 미움으로, 때로는 원망으로, 때로는 차마 남 탓을 하지 못한 채 자신에 대한 비난의 형태로 가슴속 깊은 곳에서 내 삶에 영향을 주고 있는 마음의 한을 털어내고 홀가분해하는 그들을 보면서 많은 것을 생각하게 된다. 이렇듯 우리의 다름이란 부모를 비롯한 아동기 주요 인물들과의 관계에서 이루어지는 경우가 많다. 이때 잘못 형성된 성격 특성들은 나중에 성인이 되어서도 교정되지 않은 채 부적응을 유발하는 경우들이 종종 있다.

환경이 사람을 다르게 한다

주변 환경의 영향에 대해 정확히 이해할 필요가 있다.
타인을 이해하는 것이 공존을 위한 시작이기 때문이다.

다음 글을 읽고 맞다고 생각하는 것에 답해보시오.

TV의 효과에 대해 당신은 어떻게 생각하십니까?

A : 저는 TV가 매우 부정적인 영향을 끼친다고 생각합니다. 특히 최근 들어 심해지고 있는

청소년 범죄의 폭력성은 TV의 폭력성이나 선정성이 매우 큰 역할을 했다고 생각합니다.

청소년들이 그런 폭력성과 선정성을 모방해 우리 사회의 문제점들이 더욱 심각해지는

것입니다.

B : 저는 TV가 보여주는 폭력성이나 선정성에는 오히려 순기능이 있다고 생각합니다. 우리

가 실제로 폭력적인 행동을 하는 것은 문제가 되지만, TV에서의 장면들을 보면서 실제

행동을 하지 않더라도 보는 것만으로 감정을 정화하는 기능이 있다고 생각합니다. 그래

서 결과적으로는 폭력적인 행동을 감소시키는 순기능을 한다는 것이죠.

질문 _ 당신은 누구의 주장이 더 맞다고 생각합니까?

　　A_____　　　　B_____

앞에서는 부모와 자녀의 관계로 상징되는 '다르게 길러지는 것'에 대해 살펴보았다. 그런데 가만히 생각해보면, 과연 이런 패턴이 부모와 자녀의 관계에만 국한된 것일까 하는 의문이 생긴다.

보통 우리가 처해 있는 환경을 구분할 때, 부모, 자녀, 형제 등 제한되어 있지만 매우 친밀하고 강력한 정서적 상호 작용을 하는 관계들을 '미시적 환경'이라고 칭하며, 이와 달리 학교, 직장, 사회, 미디어매체 등과 같이 좀 더 포괄적이고 광범위한 환경들을 '거시적 환경'이라고 칭한다. 우리의 '다름'을 형성하는 데 있어서 미시적 환경도 중요한 영향을 끼치지만, 거시적 환경의 역할도 매우 중요하다.

주변 환경 역시 다름에 영향을 미친다

위의 문제의 정답은 A에 가깝다. 물론 이런 두 가지 상반되는 주장에는 나름대로의 논리가 있으며, 각자 자신이 주장하는 이론들이 맞다는 실험적 증거들도 내놓고 있다. 하지만 전반적인 연구 결과를 종합해보면, 상대적으로 A의 주장이 더 설득력을 가진다.

그렇다면 우리는 당장 TV를 없애 버릴 것인가? 그렇지 않다. 비록 TV의 폭력성이나 선정성은 항상 문제가 되지만 기본적으로 TV가 가지는 정보 공유 및 지식 전달의 측면을 무시할 수 없는 것이다. 이렇듯 우리는 항상 우리가 노출되어 있는 다양한 환경으로부터 영향을 받게 되며, 이로 인해 우리의 개별적인 '다름'을 형성해 나가는 것이다.

저는 정말 최부장을 보면 참을 수가 없어요. 부장이면서 어떻게 지각을 할 수
있죠? 또 자기가 맡은 업무가 있으면 끝까지 책임을 져야 할 거 아니에요. 오
히려 부하 직원들에게 책임을 떠넘기는 모습을 보면 너무 화가 나요. 도대체
저런 기본이 안 된 사람과 내가 한 직장에서 근무하고 있다는 사실 자체가 용
납이 안 되요. 도대체 사장님은 어떤 생각으로 저런 사람을 뽑아 놓은 건지 정
말 이해가 안 되요. 도대체 일을 해야 말이죠. 맨날 한가하게 사람들이랑 농담
따먹기나 하는 모습을 보면 정말 제가 다 부끄럽습니다.

젊은 나이에 꽤 성공하고 인정을 받으면서 회사에서 핵심적인 역
할을 하고 있던 정부장은, 정말 잠시도 긴장을 풀지 못하고 항상 전
투적이며 경쟁적인 마음으로 직장생활을 했다. 그런데 문제는 새로
입사한 동료 부장과의 갈등에서 비롯되었다. 새로 입사한 최부장은
성격이 비교적 느긋할 뿐만 아니라 업무에 대한 경쟁적이고 적극적
인 태도보다는 오히려 사람들과 어울리고 대화하는 데 더 많은 시간
을 투자하는 스타일이었다.

그전까지 그렇게 큰 문제의식을 느끼지 못했던 정부장은 자신과
는 상당히 다른 행동 패턴을 보이는 최부장과의 사이에서 사소한 문
제에도 쉽게 감정이 상하고, 강한 감정적 반응을 보이며 힘들어지는
상황을 자주 경험했다. 그는 필자와의 상담 과정에서 주로 최부장이
무엇을 잘못하고, 어떤 문제가 있으며, 왜 나를 힘들게 하는지에 대
해 매우 합리적으로 설명하려고 애쓰면서 자신의 정당성을 주장하
기 위해 노력했다.

왜 너와 나는 다를까?

그런데 상담 중 이상한 점이 발견됐다. 감정이 격해져 최부장과 관련된 이야기를 하던 정부장은 필자가 강요하거나 유도하지 않았는데도 이전에 근무하던 회사의 이야기로 자꾸 꺼내며, '이전 회사 같았으면'이라는 표현들을 자주 사용하는 것이었다. 이에 대해 "혹시 지금 새로 입사한 부장님께 느끼는 것과 비슷한 느낌을 받았던 기억이 있습니까?"라는 질문을 던지자 이전에 근무하던 회사에서의 유사한 상황을 자연스럽게 떠올렸다.

　정부장은 자기도 모르는 사이에 조그만 실수에도 매우 가혹했던 이전 회사의 분위기를 자신 안에 가득 채우고 있었으며, 분명히 지금 회사는 이전 회사와는 매우 다른 분위기와 환경임에도 불구하고 이전 회사에서의 엄격하고 경쟁적이며 전투적이었던 분위기를 그대로 담고 있었던 것이다.

　결국 정부장은 이런 자신의 상황을 이해하기 시작했다. 자신을 얽매고 있던 스스로 부과한 엄격하고 가혹했던 틀을 발견한 후, 다시금 문제의 원인이었던 상대 부장을 재평가해보았다. 좀 더 객관적인 상황에서 자신의 과거와의 끈을 정리한 후 다시 평가했을 때 최부장이 그렇게 문제가 있거나 자신을 힘들게 하는 사람이 아니라 나와 한 직장에서 같이 근무하고 함께 일해 나가는 동료이며, 오히려 낯선 회사로 옮겨온 후 적응하느라고 마음 고생이 심하고, 나와는 다른 성격을 지니고 다르게 살아왔을 뿐 나와 똑같은 한 명의 동료로 새롭게 재평가하고 수용하게 되었다.

　과연 그를 변화시킨 것은 무엇일까? 우리는 알게 모르게 지금까지 수많은 경험을 해왔고 나름대로의 생존 방식을 가지고 살아왔다. 이러한 지금까지의 경험들과 문제 해결 방식들이 어우러져 자신의 성격을 형성하며, 이러한 성격을 기반으로 자신이 현재 처해 있는 문제와 상황에 대처하는 것이다.

하지만 그 방식이 정말로 건강한 방식이거나 옳은 방식인지, 그리고 혹시라도 내 안에 나를 힘들게 하는 부분은 어떤 것인지 되짚어볼 수 있는 기회는 많지 않다. 아니 정확히 말하면 내 스스로 그런 것을 검증하고 평가하기보다 눈 앞에 닥친 현실적인 문제들로 스스로 그러한 마음의 여유를 희생한다는 표현이 더 적절할 것이다.

주변 환경을 이해하는 것이 우선이다

우리는 성장하면서 점차 독립적이고 자율적인 나만의 경험을 축적하게 된다. 이제는 단지 길러지는 나를 넘어서 인생의 주체가 되어 스스로의 인생을 개척해 나가는 모습을 갖게 된다. 청소년기가 되면서 단지 부모와의 관계뿐만 아니라 친구들과의 관계 역시 중요해지며, 어느새인가 아빠와 엄마보다는 남자친구나 여자친구를 더 중요하게 여기는 시기가 오게 된다. 또한 학교를 졸업하고 사회생활을 하면서 우리는 더욱 더 서로 다른 환경 속에 다른 경험을 하게 된다.

1970년대 군부독재 시절에 검정색의 개성 없는 교복을 입고 다니던 사람들과, 2000년대 학생들의 투표로 결정된 다양한 디자인의 교복을 입고 다닌 사람들이 서로 같을 수 있겠는가? 한번 직장은 평생 직장이라는 전제 하에 가족을 위해 열심히 일하는 것이 나의 맡은 바 사명이라고 생각하면서 직장에 첫 발을 내딛은 우리 아버지들과 '삼팔선'과 '이태백'이라는 용어에 친숙하고 직장보다는 개인생활이 더 중요하다고 생각하면서 직장에 첫 발을 내딛은 요즘의 젊은이들이 서로 다를 것이라는 점 역시 같은 맥락이다.

이렇듯 사람들은 자신이 처한 환경으로부터 많은 영향을 받으며, 이로 인해 다양한 '다름'을 낳게 된다. 특히 IMF와 같이 동시대 사람들에게 강력한 영향을 미치는 요인들을 '동기집단 효과(cohort effect)'라고 한다. 누구라도 30대가 된다고 해서 동일한 환경을 경험하는 것은 아니며, 30대에 전쟁을 경험한 세대와 30대를 경제 성장의 희생양으로 살았던 세대의 특성은 서로 다를 수밖에 없다. 마찬가지로 물질적 풍요와 안정된 사회적 환경 속에서 자란 세대와 실직과 불안 속에서 보내야만 했던 세대의 특성은 분명히 다르다.

이와 같은 주변 환경의 강력한 영향에 대해 정확하게 이해하지 못하면, 전후세대들은 전쟁을 경험하지 못한 세대들에 대해 "너희들은 전쟁도 못 겪었으면서 무슨 세상을 안다고 그래!"라고 비난하고, 전쟁을 경험하지 못한 세대들은 전후세대들을 '이제 세상이 달라졌는데도 불구하고 적응하지 못하는 사람들'로 낙인 찍는 매우 불행한 세대차가 존재할 수밖에 없다. 이 때문에 우리는 서로의 '다름'을 인정하고 수용할 필요가 있는 것이다.

역할이 사람을 다르게 만든다

자신에게 주어진 역할을 열심히 수행하다 보면 그 역할과 관련된
특성들이 내 안에 내재돼 있는 것을 쉽게 발견할 수 있다.

당신은 당신이 속한 집단에서 주로 어떤 역할을 담당합니까?

1 주도자 : 가정이나 직장에서 새로운 방향을 제시하고 분위기를 이끌어가는 역할

2 사교가 : 가정이나 직장에서 사람들을 단합시키고 대인 교류를 촉진시키는 분위기 메이커
　　　　　로서의 역할

3 지원자 : 가정이나 직장에서 다른 사람들의 어려움을 들어주고, 알게 모르게 타인들을 돌
　　　　　보고 지지해주는 역할

4 분석가 : 가정이나 직장에서 진지하고 심각한 태도로 문제점이나 그 원인과 결과를 분석
　　　　　해주는 역할

질문 _ 가정에서는 _____

직장, 혹은 학교에서는 _____

종종 사람들이 필자에게 "저는 정말 이중적인 것 같아요. 회사에서는 너무도 엄격하고 원리원칙이 분명한데, 집에서는 정말 뒹굴뒹굴 놀기만 하고, 우리 집사람 말로는 이런 식으로 회사생활하면서 어떻게 성공하겠느냐고 구박하기도 하고, 이렇게 하는데도 월급을 주는 것 보면 회사가 이상하다고 해요. 과연 어떤 모습이 저의 진짜 모습인지 궁금합니다" 등과 같이 자신의 이중성이나 다중성에 대해 이야기하는 경우가 종종 있다.

〈가시나무〉라는 노래는 '내 속엔 내가 너무도 많아' 라는 가사로 시작한다. 과연 내 안에 무엇이 있는지 자신도 잘 모르고 살 때가 많다. 특히 회사에서의 내 모습과 가정에서의 내 모습, 부모로서의 내 모습, 배우자로서의 내 모습, 과연 나의 진정한 모습은 무엇일까?

역할이 우리를 규정하기도 한다

우리는 보통 대기업의 임원이라고 하면 사회적으로 상당히 성공한 사람, 매우 유능한 사람이라는 생각을 하며, 회사에서 제공해주는 차를 타고, 억대 연봉을 받는 화려한 모습을 부러워한다. 그러나 그 이면의 외로움과 고독에 대해서는 쉽게 간과한다.

얼마 전 어느 제약회사의 영업부장 출신 임원 한 분을 상담한 일이 있었다. 이미 50대에 가까운 그분은 이제 인생을 여기서 다시 한번 출발할 것인지, 아니면 그냥 회사에서 계속 안정된 생활을 할지 심각하게 고민 중이었으며, 여러 가지 사건들로 인해 회사 내에서도 상당

한 어려움을 겪고 있었다. 그런 힘든 상태에서 이전과는 달리 불안정
하고 스트레스를 받는 모습을 보다 못한 주변 사람의 권유로 필자에
게 방문해 개인적인 성격 평가를 하게 되었다.

필자 자신이 병원 정신과에서 10년 가까이 근무했던 경험이 있었
기 때문에 제약회사 영업부의 애환에 대해 너무 잘 알고 있었다. 또
한 의사가 아닌 심리학자로서 더욱 객관적으로 볼 수 있었기 때문에
이러한 개인적인 경험과 내담자의 나이나 경력과 관련된 분야들을
고려해 최대한 공감하고자 했다.

성격 검사 결과 사회적으로 바람직한 방향으로 살기 위해 매우 애
쓰는 성향이 지나칠 정도로 강하게 나타났으며, 자신의 스트레스나
감정적인 어려움보다는 항상 내가 현재 해야 할 일이 무엇인가에 맞
추어 행동하는 경향이 뚜렷했다. 이런 검사 결과는 지금 힘든 문제를
상담하러 왔으면서도 스스로 생각하는 내담자로서의 역할에 충실해
공손한 태도와 조심스러운 언행을 보이는 모습에 그대로 반영돼 있
었다.

자신은 그렇게 스트레스를 받고 힘들면서도 그런 티를 내는 것조
차 함부로 허용하지 않을 것 같은 성격 검사 결과를 보면서 조심스럽
게 말을 건넸다. "이사님, 이렇게 마음이 힘드실 때에는 자신만을 생
각하세요. 내가 기쁘고 즐거워야 남에게도 덕을 베풀 수 있는 겁니
다. 이사님께서 꼭 먼저 행복하셔야 합니다"라는 말에 이사님은 갑
자기 눈가가 붉어지면서 눈물을 흘렸고, 그런 자신의 모습에 이사님
은 어쩔 줄 몰라 하셨다. 결국에는 자신이 그동안 얼마나 힘들었는

지, 회사의 임원으로, 집안의 가장으로 느끼는 책임감과 부담감에 대해 털어놓으셨다.

우리는 이렇듯 자신의 원래 특성이 무엇이고 어떤 것을 원하는지보다 지금 당장 내게 요구되는 역할이나 책임이 무엇인지에 더 골몰하게 되고, 어느 순간 이와 관련된 특성들이 자신을 지배하고 있는 모습을 발견한다.

얼마 전 상담을 했던 모 대기업의 임원 한 분은 "임원이 되고 나니 예전처럼 사람들을 대할 수 없다는 것이 제일 불편하다"고 표현했다. 이는 전형적인 역할 중심적 행동으로 인한 개인의 희생이라고 볼 수 있다. 하지만 자신에게 주어진 역할을 열심히 수행하다 보면 어느새 그 역할과 관련된 특성들이 내 안에 내재화되어 있는 것을 쉽게 발견할 수 있다.

결국 너와 나는 다를 수밖에 없다

서로 다른 사람들이 어울려 살기 위해서는 서로 무엇이 다른지,
어떻게 다르게 대해야 하는지에 대해 정확히 알아야 한다.

때때로 내담자들이나 고객과의 상담 후 잠시 생각에 잠길 때가 있다.
한 시간 동안 혹은 두 시간 동안 그 사람의 인생에 대해 이야기하고
살아가는 이야기를 듣다 보면, 내 스스로 그 사람 인생 속에 들어가
있는 듯한 느낌을 받게 된다. 그런 느낌 속에서 가만히 그 사람의 인
생을 생각해보면, 지금 그 사람의 모습이 새롭게 느껴지는 경험을 할
때가 많다.

　지금의 그 사람의 모습이 만들어지기 위해 얼마나 많은 사건들과
경험들이 축적돼 왔을까? 그동안 얼마나 많은 가슴아픔과 어려움을
이겨내고 지금의 모습에 이르게 되었을까? 자신의 마음이 흔들리고
쓰러지기를 반복하면서도 꿋꿋하게 다시금 일어서는 모습을 상상하
면 때로는 감동적이기도 하다. 그 사람을 지탱해왔던 즐거움과 기쁨
을 준 다른 사람들과의 이야기는 나의 마음도 흐뭇하게 한다.

우리는 한 공간에서 함께 생활하고 지내지만 각자의 삶을 가만히 들여다보면 수많은 '다름'으로 지금의 모습이 형성되어 있음을 발견할 수 있다. 지금까지 말해왔던 것과 같이 우리는 서로 다르게 태어나며, 다르게 길러지고, 다른 환경을 접하면서 새로운 다름을 형성해가고, 서로 다른 역할을 감당하는 과정에서 또 다른 나의 모습을 만들어간다.

각자의 출생, 환경, 그리고 세상을 살아오면서 겪었던 다양한 경험들을 통해 지금의 내가 만들어지고, 지금의 너가 만들어진 것이다. 이런 '나'와 '너'의 다른 모습으로 인해 우리는 다양하고 개성 있는 세상을 살기도 하지만, 오해와 갈등 속에 살기도 한다.

교육을 받으면서 지금까지 그렇게 오랫동안 같이 근무했으면서도 몰랐던 상대방에 대해 체계적으로 이해하는 시간이 되었습니다. 그동안 저 사람은 왜 저렇게 행동할까 참 많은 의문을 가졌고, 이해하지 못할 점들이 많았는데 지금은 많은 부분들이 이해가 되었답니다. 그리고 내게 부족한 점을 그 사람이 보완해 줄 수 있는 많은 장점을 가진 사람이라는 것을 확인하게 되어 매우 기쁩니다. 앞으로도 많은 대화를 나누고 교류해야 겠다는 생각이 듭니다. 마치 새롭게 직장생활을 하는 기분입니다. 이런 기회를 주신 선생님께 감사드립니다.

이렇게 다른 사람들끼리 어울려 살기 위해 꼭 필요한 과정 중 하나는 서로 무엇이 어떻게 다른지, 그리고 어떻게 다르게 대해야 하는지에 대해 정확하게 아는 것이다.

우수한 세일즈 전문가들은 나름대로 사람을 구분하는 원칙이 있으며, 각 유형에 따라 어떻게 대처해야 하는지 이미 알고 있는 경우가 많다. 각자 나름대로의 경험 속에서 사람들이 다르다는 원리를 파악한 것이며 사람들은 각각 원하는 것도 다르고, 다르게 대처해야만 세일즈에 성공한다는 기본적인 원칙을 알고 있는 것이다. 그래서 세일즈 전문가들에게 교육을 하고 나면 흔히 나오는 피드백은 "아하! 바로 저거야! 내가 지금까지 생각하고 있던 나름대로의 분류가 있었는데, 오늘 교육을 듣다 보니 그게 바로 외향형과 내향형의 차이였군요!"라는 것이다.

그럼 과연 우리는 어떻게 다르며, 이 다름을 어떤 방식으로 이해할 수 있을까? 이를 위해 과연 우리가 어떻게 다른지, 그리고 중요한 다름의 종류들은 어떤 것이 있는지, 그리고 각자 다른 사람들은 어떤 방식의 삶을 사는지에 대해 하나씩 살펴보자.

나는 어떤 사람인가, 그리고 당신은?

Chapter 3

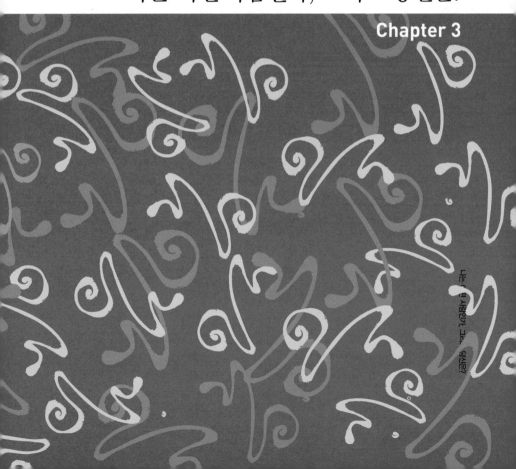

나는 과연 어떤 사람이며, 나의 주변에 있는 사람들은 어떤 '다름'을 가지고 있는가? 비록 각자 고유한 '다름'을 가지고 있지만 가장 효과적으로 서로의 '다름'을 이해할 수 있는 '마음의 틀'을 이해해보도록 하자. 우리들은 세상에 대한 태도가 서로 다르며, 세상을 바라보는 관점이 다르고, 세상을 평가하는 방식과 살아가는 구체적인 행동 방식이 서로 다르다. 과연 어떻게 다를까?

나와 너를 알기 위한 여정을 준비하며

우리는 왜 서로의 '다름'을 이해해야 하는지, 구체적으로
어떤 '다름'이 있는지 하나씩 보물찾기를 시작해보자.

우리는 많은 사람들과 함께 어울려 살 수밖에 없다. 아침에 눈을 뜨면
배우자와 자녀가 있고, 회사에 출근하는 그 순간부터 함께 근무하는
동료들이 있다. 또한 집에서 회사로 가는 과정에서 대중교통을 이용
하든지, 아니면 자신의 차를 이용하든지 하면서 다른 사람과 상호 작
용을 한다. 우리는 이처럼 많은 사람들과 함께 하루하루를 살아간다.

  그렇지만 항상 상대방과 내가 다르다는 생각을 하는 것은 아니다.
서로 간의 다름이라는 것은 상당한 노력을 기울여 의식해야만 지각
할 수 있다. 그 과정에서 때로 갈등이 생기거나 대립이 생기면 '우리
는 서로 다르기 때문에'라고 생각하기보다는 '저런 못된 녀석'이라
는 생각을 훨씬 더 빨리 하게 되며, '참 이해할 수 없는 사람이네'라
고 느끼면서 포기하는 마음을 가지기도 한다.

그럼 과연 사람들은 정말로 다른가? 분명히 다르다면 어떻게 다른 것일까? 이를 밝히기 위해 우리는 먼저 나와 상대방의 다름을 인식하기 위해 의식적인 노력을 기울일 필요가 있다. 아래에 내 성격이나 행동상의 특징 등에 대해 생각나는 대로 모든 것을 기록해보자.

나

이번에는 내게 중요한, 혹은 주로 갈등과 대립을 일으키는 누군가를 생각하면서 아래에 상대방의 성격이나 행동상의 특징 등에 대해 생각나는 대로 모든 것을 기록해보자.

상대방

위에 기록한 표현들은 어떤가? 아마도 성격적인 특징들(적극적, 외향적, 계획적 등)을 나타내는 말들이 있는가 하면, 감정적인 특징들(기분 나쁨, 좋음, 한심함 등)을 드러낸 표현들이 섞여 있을 것이다. 우리는 항상 주변의 상황을 객관적이고 합리적으로 보는 것은 아니며, 나름대로의 주관과 잣대를 가지고 평가하는 경향이 있다. 그리고 이와 같은 평가로 판단한다.

예를 들면 상대방이 '적극적'이라는 표현은 가치중립이지만, '나를 귀찮게 하는' 혹은 '성가신' 등의 표현은 상대방의 적극성에 대해 부정적으로 느낄 때 쓰는 표현이다. 이런 패턴을 잘 관찰하면 내가 싫어하는 것이 무엇이고, 좋아하는 것이 무엇인지를 구분할 수 있다.

위의 결과들을 기초로 이제 본격적으로 비교해보는 단계를 진행하자. 아래에 나와 상대방의 유사한 점과 다른 점을 기록해보자.

나와 상대방의 비슷한 점

....

....

나와 상대방의 다른 점

....

....

기록 과정 중 느낀 점이나 떠오른 생각

....

....

나와 상대방을 비교하면서 어떤 비슷한 점을 발견했는가? 그런 유사한 점이 나와의 관계에 미치는 영향은 무엇인가? 또한 나와 상대방을 비교하면서 어떤 다른 점을 발견했는가? 그런 다른 점이 나와의 관계에 미치는 영향은 무엇인가?

어떤 부부들은 비슷한 점으로 '로맨틱한 영화를 좋아한다' 거나 '조용하고 차분한 분위기를 좋아한다' 는 특성들이 있는 반면에, '잘 정리한다' 와 '정리를 잘하지 못한다' 등의 차이점을 발견하기도 한다. 이런 경우 연애할 때에는 아주 찰떡궁합이라는 생각을 했을지 모르지만, 함께 생활을 공유하는 부부생활의 단계에 들어서서는 상당히 많은 갈등을 가졌을 가능성이 높다.

또한 어떤 직장 상사는 부하 직원과의 관계에서 '논리적' 이고 '분석적' 이라는 비슷한 점을 발견했다. 하지만 자신은 '행동이 빠르다' 와 '추진력이 강하다' 는 특성을 가진데 반해 부하 직원은 '행동이 느리다' 와 '추진력이 부족하다' 는 다른 점을 발견할 수 있었다. 이런 경우 지시한 것에 대한 빠른 일 처리와 추진력의 부족 때문에 많은 답답함을 느끼거나, '논리적' 이고 '분석적' 이라는 장점으로 칭찬하기보다는 '주어진 과제를 효율적으로 처리하지 못한다' 고 생각하면서 짜증을 낼 가능성이 더 높다.

이렇듯 우리는 주변 사람들과 많은 유사점과 다른 점을 가지고 함께 생활하며 일하고 있지만, 냉철하고 객관적으로 어떤 유사점과 어떤 다른 점이 있는지 진지하게 생각해본 적은 별로 없을 것이다. 그럼 우리는 왜 이런 차이에 관심을 가지고 서로를 이해해야 하는지,

그리고 어떤 다른 점이 있는지 하나씩 짚어가보자. 우리의 '다름'이
우리를 열린 마음, 열린 세상으로 이끌어줄 것이다.

첫 번째 다름 _ 세상에 대한 태도
외향형과 내향형

외향형 사람은 세상 밖으로의 여행을 즐기고, 내향형 사람은 내면 속으로의 여행을 즐긴다. 이때 자기가 더 우월하다고 주장한다면, 그것이 바로 불행의 시작인 것이다.

다음의 글을 읽으면서 A와 B 중 자신에게 더 가까운 쪽에 표시하시오.

오늘은 배우자의 고교 동창회 부부 동반 모임일이다. 1년에 한 번 정도 있는 정기모임으로 당신이 참석하는 건 처음이다. 처음에는 갈까 말까 망설였으나 배우자의 간곡한 부탁으로 참석하게 되었다. 모임에는 안면 있는 사람들도 몇몇 있지만, 대부분은 처음 만나는 사람들이다. 모임은 저녁 6시에 시작돼, 지금은 저녁 7시 정도 되었다.

질문 1 _ 당신은 사람들과 어떤 방식으로 어울리는 것이 더 편합니까?

A 일단 모임이 시작되고 난 후 스스로 나를 소개하는 편이다.
B 일단 모임에 참석하고 난 후 다른 사람들이 나를 소개해줄 때까지 기다리는 편이다.

파티가 계속되면서 이제는 분위기가 많이 무르익었다. 사람들끼리 서로 자유롭게 대화를 나누고 있다. 당신도 자유롭게 이동하면서 다른 사람들과 대화를 나눈다.

질문 2 _ 당신은 주로 누구와 대화를 나눕니까?

A 이전에 알고 있던 사람은 물론 낯선 사람들과 새로운 주제에 대해 이야기
　하는 데 거리낌이 없다.

B 주로 이전에 알고 있던 사람들과 이야기를 나누며, 낯선 사람에게는 내가
　먼저 이야기를 걸지 않는 편이다.

이제 시간이 흘러 모임이 끝날 때가 되었다. 새로운 사람도 많이 알게 되었
으며, 이미 많은 대화를 나눈 상태이다. 다들 아쉬움을 남기면서 작별 인사
를 하고 있다.

질문 3 _ 당신에게 누군가 2차를 가자고 권유한다면 어떻게 하겠습니까?

A 파티의 여흥이 남아 있던 차에 흔쾌히 응하며, 다른 사람들도 함께 가자
　고 권유하면서 분위기를 주도한다.

B 익숙한 사람들과의 조용한 2차는 가겠지만, 낯선 사람들과의 떠들썩한 2
　차는 부담스럽다.

당신의 결과는　　　질문 1　　　A ____　　　B ____

　　　　　　　　　질문 2　　　A ____　　　B ____

　　　　　　　　　질문 3　　　A ____　　　B ____

　　　　　　　　　A가 많으면 외향형, B가 많으면 내향형

외향형 vs 내향형

사람들 간의 다름을 만들어내는 첫 번째 차이는 세상에 대한 태도로, 외향형과 내향형으로 구분할 수 있다.

어떤 사람은 자신의 생각과 가치나 판단을 우선시하며 자신의 내적 세계를 중시하는 반면에, 어떤 사람들은 나를 둘러싸고 있는 주변 환경과 같은 외적 세계를 중시하는 경향을 보인다.

이런 차원에서 자신의 내적 세계에 더 많은 관심을 두고 심리적 에너지를 투자하는 사람을 내향형 성격의 사람이라고 하며, 자신의 외적 세계에 더 많은 관심을 두고 외적 세계와의 상호 작용이나 교류에 더 많은 심리적 에너지를 투자하는 사람을 외향형 성격의 사람이라고 한다. 세상을 이루고 있는 주요한 두 가지 세계 중 어떤 세계에 더 관심을 두고 심리적 에너지를 투자하는가에 따라 다르다.

외향형 성격의 사람들은 자신이 처한 환경과의 교류, 즉 다른 사람들과 함께 어울리거나 무언가 활동을 하면서 상호 작용을 할 때 가장 즐겁고 활력이 넘친다. 반면에 내향형 성격의 사람들은 자신의 내적 세계에 초점을 맞출 때, 즉 혼자 음악을 듣거나 차분하게 생각하고 정리할 수 있는 환경에서 편안함을 느끼고 에너지를 보충한다.

따라서 앞서 예로 든 많은 사람들이 모이는 사교적 모임은 외향형에게는 새로운 사람을 사귀고 교류하는 좋은 환경인 반면, 내향형에게는 익숙하거나 친숙한 사람들의 모임이 아니라면 에너지를 상당히 소모하는 일이 된다.

또한 사람들과의 교류 측면에서도 외향형은 자신이 스스로를 소개하는 것은 물론 서로 모르는 사람들을 자신이 소개시켜주는 등의 적극적인 역할을 하며, 이를 감당할 만한 실제적인 대인관계 기술이 발달해 있는 경우가 많다. 반면에 내향형은 굳이 자신이 스스로를 소개하지 않을 뿐만 아니라 낯선 사람과의 적극적인 교류보다 친숙한 사람들과의 관계를 더욱 편안하게 지각한다.

외향형과 내향형은 의사소통 측면에서도 차이를 보이는데, 외향형은 주변 사람들과 교류할 때 표현적인 특성이 강할 뿐만 아니라 사람들과 대화하고 토론하면서 동시에 자신의 생각을 정리하는 반면, 내향형은 자신의 생각이 어느 정도 정리되고 내적인 세계에서 검증이 끝난 후에 표현하기 때문에 대체로 말수가 적으며 정리된 결과 중심으로 표현하는 경향을 보인다.

이런 상호 간의 차이를 이해하지 않고 수용하지 못한다면 끊임없는 갈등과 대립을 할 수밖에 없는 것이다. 반면에 서로의 차이를 이해하고 수용한다면 내가 가지지 못한 '다름'을 다른 사람에게서 발견하고 보완할 수 있는 좋은 기회를 만들 수 있다.

우리는 나의 특성이나 업무 스타일, 그리고 대인관계 스타일을 중요하게 여기며, 다른 사람들도 나와 같이 행동할 것이라는 단순한 기대를 한다. 하지만 타인들이 항상 나와 동일한 생각과 판단을 하는 것은 아니다. 따라서 서로 '다름'을 이해하고 수용한다면 조화롭고 다양한 색깔을 가진 건강한 조직이 되는 반면에, 서로의 '다름'을 이해하지 못한다면 새로운 대립과 갈등을 초래하게 된다.

두 번째 다름 _ 세상을 바라보는 방식
실제형과 직관형

실제형과 직관형은 세상을 바라보는 시각의 차이에서 비롯된다. '다름'을 인정하는 순간, 서로의 약점은 강한 장점으로 변할 것이다.

다음의 글을 읽으면서 A와 B 중 자신에게 가까운 쪽에 표시하시오.

당신은 다름대학교 신입생이다. 다름대학교는 누구나 자신이 원하는 대로, 관심 가는 대로 자유롭게 자신의 수강 과목을 선택할 수 있는 학교이다. 이제 신학기가 시작되면서 수강 신청을 할 때가 왔다. 이제 당신은 스스로 선택한 과목들을 들으면서 새롭게 대학생활을 시작해야 한다.

질문 1 _ 당신은 새로운 대학생활을 앞두고, 어떤 기대를 하고 있습니까?

A 대학생으로서 다양한 경험을 하며, 나의 목표에 부합되는 구체적이고 실질적인 정보와 지식을 학습할 것이다.

B 대학생활은 나의 삶의 목표와 비전을 실천하기 위한 과정으로, 나의 진정한 의미를 탐색하는 시간이 될 것이다.

자, 이제 수강 신청일이다. 당신은 여러 가지 과목들 중에서 자유롭게 선택해 수강 신청을 해야 한다.

질문 2 _ 당신은 주로 어떤 과목에 더 호감을 느낍니까?

A 실제적이며 현실적인 적용이 가능한 과목

B 이론적이며 관념적인 면을 중요시하는 과목

학교 수업이 끝나고 집에 가는 길에 어떤 사람이 도서관에 가는 길을 물었다. 당신은 그 사람에게 길을 가르쳐준다.

질문 3 _ 당신은 어떤 방식으로 길을 가르쳐줍니까?

A 여기서 왼쪽으로 돌아가시면 중앙 광장이 보이고요, 중앙 광장 분수대를 왼쪽으로 끼고 돌아서 500미터 쯤 가시면 조그마한 돌담길이 나오는데, 그 길로 100미터 정도 가시면 오른쪽에 있는 웅장한 건물이 도서관입니다.

B 일단 중앙 광장을 찾아서 그 뒤쪽으로 난 다람쥐길을 통해 가시면 바로 도서관이 나옵니다. 여기랑 대각선 반대쪽이라고 보시면 돼요.

당신의 결과는	질문 1	A _____	B _____
	질문 2	A _____	B _____
	질문 3	A _____	B _____

A가 많으면 실제형 B가 많으면 직관형

실제형 vs 직관형

사람들 간의 다름을 만들어내는 두 번째 차이는 세상을 바라보는 방식으로, 실제형과 직관형으로 구분할 수 있다.

예를 들어 화병에 꽂혀 있는 장미 한 송이를 보면 '꽃이 예쁘다', '향기가 좋다', '싱싱하다' 등과 같은 구체적이고 물리적인 특성들을 중심으로 지각하는 반면에 한편으로는 장미꽃과 관련된 개인적인 의미, 상반된 감정이나 사건들과 같은 다소 추상적이고 개념적인 지각을 하는 경우도 있다.

이와 같이 실질적이고 구체적이며, 경험적이고 가시적인 정보들을 중심으로 정보를 지각하는 사람들을 실제형 성격의 사람이라고 하며, 추상적이고 개념적이며 이면의 가능성이나 아이디어 등을 중심으로 지각하는 사람들을 직관형 성격의 사람이라고 한다.

실제형 사람들은 구체적이고 사실적인 정보들을 기억하는 데 탁월한 능력을 보이며, '지금 그리고 여기(here and now)'를 중시하는 경향을 보인다. 반면에 직관형 사람들은 사실적인 정보의 기억보다는 대체적인 분위기나 의미와 가치 등을 중시하는 경향을 보인다.

이 때문에 똑같은 모임에 참석했던 실제형과 직관형이 1년 뒤에 만나 그 모임을 회상할 때, 실제형은 "그때 참 많은 사람들이 모였었지. 한 28명 정도였으니 우리가 모였던 중에 가장 많이 모였던 것 같아. 비좁기는 했지만 음식도 참 맛있었고 분위기도 좋아서 그 후에 세 번 정도 더 갔었지. 어, 너 그 목걸이 그날도 하고 왔었지?"와 같이 구체적이고 사실적인 정보를 기억하는 경향을 보인다. 반면에 직관형은 "그때 참 많은 사람들이 모였지. 우리 모임이 좀 더 지속적이고 의미 있는 모임이 되도록, 단순히 먹고 헤어지는 게 아니라 기금을 조성해서 좋은 일도 하면 좋을 것 같다는 의견이 많았지. 근데 내가 그날 이 목걸이를 하고 갔었나?"와 같이 의미나 가치를 중심으로 기억하는 경향을 보인다.

이런 차이들은 컨설턴트에게서도 발견할 수 있다. 실제형 컨설턴트는 고객의 문제를 세부적으로 꼼꼼하게 검토함으로써 구체적인 문제점들을 발견해 실질적인 대안을 내놓고자 한다. 반면에 직관형 컨설턴트는 구조나 체계상의 문제들과 같이 큰 안목에서 세부 문제를 파악하려는 접근을 보이며, 최종적으로 제시하는 대안 역시 근본적인 문제를 해결함으로써 세부적인 문제를 해결한다.

이 때문에 흔히 실제형 사람들이 '숲보다는 나무를 보는 사람', 혹은 '현실화하는 사람'이라는 평을 듣는 반면에 직관형 사람들은 '나무보다는 숲을 보는 사람', 혹은 '아이디어와 가능성을 제공하는 사람'이라는 평을 받는다.

세상의 여러 사물과 사건들은 다양한 측면을 가지고 있으며, 어떤 부분에 초점을 맞추느냐에 따라 상당히 다른 결과를 보인다. 이런 점에서 서로의 '다름'은 가치 있는 것이며, 이를 이해하고 긍정적으로 활용하는 사람들에게는 더할 나위 없이 좋은 자원이다. 하지만 서로 이를 수용하지 못한다면 코끼리의 다리와 몸통을 따로 만지면서 상대방의 무지를 비난하는 오류를 범하는 것이다.

세 번째 다름 _ 세상을 평가하는 방식
사고형과 감정형

삶은 차가운 냉철함과 따뜻한 온정이 적절히 조화를 이룰 때 가장 살만한 것이며, 이럴 때 냉철함을 기반으로 한 논리성과 온정에 초점을 둔 이해와 공감이 더욱 빛날 것이다.

다음의 글을 읽으면서 A와 B 중 자신에게 가까운 쪽에 표시하시오.

지금 당신은 며칠 후에 내야 할 리포트를 작성하기 위해 도서관으로 바삐 가고 있다. 그런데 그리 친하지는 않은 과 친구가 어두운 표정으로 당신 앞에 나타났다. 그 친구는 머뭇머뭇하더니 "혹시 시간 있니?"라고 조심스럽게 물었다.

질문 1 _ 이때 당신이 시간적 여유가 별로 많지 않은 상황이라면, 어떻게 반응합니까?

A 일단 어떤 일 때문인지 알아야 하기 때문에 "왜, 무슨 일인데?"라고 묻고, 중요한 일이 아니라면 "지금은 시간이 없는데, 다음에 이야기하자"라고 말한다.

B 그 친구의 어두운 표정을 보고 "무슨 안 좋은 일 있니?"라고 걱정스러운 태도로 물은 후, 설사 중요한 일이 아니더라도 그 친구가 상처받거나 서운해 할까봐 부탁을 거절하는 것이 어렵다.

친구가 안 좋은 일이 있다며 이야기 좀 하자고 해서 그 부탁을 들어주었다. 학교 내 휴게실에 앉아 이야기를 나누는데, 그 친구가 두서없이 감정 섞인 말투로 자꾸 오락가락 이야기를 늘어놓고 있다.

질문 2 _ 당신은 이런 친구에 대해 어떻게 반응합니까?

A 구체적인 내용이나 안 좋은 일의 원인과 결과, 과정을 이해하기 위한 질문을 한다.
B 일단 이해가 되지 않더라도 그 친구의 힘들었던 점에 대해 "저런, 힘들었겠다" 등과 같은 표현을 통해 공감하고 이해해주려고 노력한다.

한참을 이야기한 후, 친구는 시간을 내주어 고맙다며 자리에서 일어났다. 당신은 친구에게 도움을 준 것 같아 마음이 뿌듯하다.

질문 3 _ 당신은 어떤 순간에 친구에게 도움이 된다고 느낍니까?

A 안 좋은 일의 원인을 밝혀주고 적절한 해결책을 제시해주었을 때
B 그 친구의 어두운 표정이 환해지며 내게 고맙다고 이야기할 때

당신의 결과는	질문 1	A _____	B _____
	질문 2	A _____	B _____
	질문 3	A _____	B _____

A가 많으면 사고형, B가 많으면 감정형

사고형 vs 감정형

사람들 간의 다름을 만들어내는 세 번째 차이는 세상을 평가하고 판단하는 방식으로, 사고형과 감정형으로 구분할 수 있다.

사고형의 성격을 가진 사람은 객관적이고 합리적인 나름대로의 논리와 원칙에 따라 판단하는 반면에, 감정형의 성격을 가진 사람은 자신의 감정(즉 좋아하는지 싫어하는지 등)에 따라 결정하거나 주변 사람들의 감정을 거스르지 않는 방향으로 판단하는 경향을 보인다.

앞에서 질문한 사례에서도 사고형 사람들은 힘들어 하는 친구의 전후 사정에 대해 논리적으로 이해가 되어야 공감하고, 거기에 따른 합리적인 해결책을 제시해주는 방식의 도움이 올바르다고 생각하는 반면에, 감정형 사람들은 일단 친구의 가슴 아픔과 정서적인 어려움을 공감하고 이해해주는 것이 우선이라고 생각한다.

사고형의 경우 적절한 휴먼 스킬(human skill)인 대화 스타일이 보완되지 않는다면, 업무 성과 면에서는 우수한 실적을 발휘할 수 있을지라도 대인관계에서는 상당한 갈등이나 대립을 유발할 수 있다.

예를 들어 머리 스타일을 새롭게 바꾸고 나서 뭔가 어색해 하는 친구가 "내 머리 어때?"라고 물었을 때, 감정형은 "와, 새로운 스타일이네. 독특하다"라고 선의의 거짓말을 하는 데 반해, 사고형은 "너 머리 어디서 했니? 좀 이상하다. 가서 다시 해달라고 해!"라고 말해버린 후 당황하는 친구를 보면서 "내가 친구니까 이렇게 말해주는 거야. 너, 그 머리 하고 어디 가서 망신당할 거 내가 막아주는 거다!"

라고 덧붙인다.

이와 같은 감정형과 사고형의 관계는 가족과 같은 친밀한 대인관계에서 더욱 두드러진 특성을 보인다. 감정형인 남편과 10살 난 딸아이가 슬픈 로맨스를 주제로 한 영화에 한껏 몰입해 마지막 장면에서 서로 손잡고 눈물을 흘리면서 "아! 저 다음에는 어떻게 되었을까?"라고 묻는다. 내내 가능하지도 않은 스토리를 가지고 억지로 슬픈 로맨스를 만든 영화를 보면서 문제점을 분석하고 있던 강한 사고형의 부인이 "감독이 '컷!' 하고 다들 툭툭 털고 일어났을 거야!"라고 대답하면, 그 순간 감정형 남편과 딸은 애틋한 감정적 클라이맥스가 한꺼번에 무너지는 소리를 듣게 된다.

하지만 세상은 객관적이고 합리적인 논리를 통해 판단하고 평가해야 하는 부분이 있지만, 온정과 애정을 가지고 대처해야 하는 부분도 있다. 법정에서는 피의자가 눈물을 흘리는 모습에 영향을 받기보다 객관적인 증거에 기초해 냉철하고 합리적인 방식으로 판결을 내려야 하는 반면에, 자신의 실수로 직장에서 상사로부터 질책을 받아 낙담한 채 들어온 배우자에게는 "뭘 그런 걸 가지고 사람을 구박하고 그래. 그 참 김부장님 그렇게 안 봤는데, 사람 참 인간성이 못됐네!"라고 말하며 역성을 들어주는 공감과 이해가 필요할 때가 있는 것이다.

이렇듯 우리의 삶은 차가운 냉철함과 따뜻한 온정이 적절히 조화를 이룰 때 가장 살 만한 곳이 되며, 이럴 때 냉철함에 기반을 둔 논리성과 사람에 초점을 둔 이해와 공감이 각각 더욱 빛나는 것이다.

네 번째 다름 _ 세상을 살아가는 방식
계획형과 자율형

계획형과 자율형이라는 '다름'을 받아들여 다양성을 인정하면서도 일관성과 안정성을 유지하는 지혜를 배워야 한다.

다음의 글을 읽으면서 A와 B 중 자신에게 가까운 쪽에 표시하시오.

당신은 친한 친구들과 3박 4일 일정의 여행을 가기로 했다. 서로 시간을 맞추기가 어려워 힘들게 잡은 여행이라 모두들 설레는 마음이다.

질문 1 _ 여행을 가기 전에 계획을 세운다면 당신은 어느 쪽에 가깝습니까?

A 여행지의 특성과 예산 등을 고려해 가능한 한 꼼꼼하게 세부적인 일정을
  체계적으로 계획한다.
B 여행지와 일정 정도만 확정짓고 나머지는 상황에 따라 움직일 수 있도록
  충분한 여유를 둔다.

여행을 가기 전에 답사가 필요하지 않겠느냐는 제안이 나왔다. 그리고 답사를 갈 사람으로 당신이 선정되었다.

질문 2 _ 답사를 간다면 당신은 어떤 태도로 가겠습니까?

A 답사를 통해 여행 계획을 보충하고 현실적인 문제들(의료, 교통, 숙박시설 등)에 대한 정보를 확인한다.

B 답사라는 것은 불필요하다고 생각하지만, 일단 가야 한다면 답사도 또 하나의 여행이라는 생각에 즐기는 마음으로 갈 것이다.

이제 친구들과 만나기로 한 날이 돌아왔다. 9시까지 기차 역에서 모두 모이기로 했다.

질문 3 _ 당신은 어떤 쪽에 가깝습니까?

A 가능한 준비물은 전날 밤에 미리 챙겨놓고 자명종과 알람을 맞추고 잠들며, 여러 사람이 모이는 것이므로 좀 여유를 가지고 일찍 도착해야 겠다고 생각한다.

B 여행이란 일상으로부터의 탈출이므로 전날 밤은 새로운 여행에 대한 기대와 설레임을 가지고, 뭘 하며 즐겁게 보낼까를 상상하며 잠든다.

당신의 결과는	질문 1	A _____	B _____
	질문 2	A _____	B _____
	질문 3	A _____	B _____

A가 많으면 계획형, B가 많으면 자율형

계획형 vs 자율형

사람들 간의 다름을 만드는 네 번째 차이는 세상을 살아가는 방식으로, 계획형과 자율형으로 구분할 수 있다.

물론 세상은 어느 정도 계획되어 있는 상태로 운영되고, 구성원들 각각은 적절한 통제를 받기도 하면서 어느 정도는 자율적으로 기능한다. 그런데 이런 상대적인 두 가지 특성 중 어떤 방식을 더 선호하는가에 따라 많은 행동상의 차이를 보이게 된다.

계획형 성격의 사람은 자신의 삶이 어느 정도의 계획과 통제 속에서 유지되기를 원하며, 구조화되고 체계화된 방식으로 생활한다. 반면에 자율형 성격의 사람은 스스로의 자율적인 선택을 더 중시하는 방식으로 생활을 유지하며, 삶의 여러 가지 문제들에 대해 기존의 방식을 따르거나 구속과 통제에 따라서 행동하기보다는 순간순간의 자율적인 선택에 따라서 생활하고자 한다.

계획형 사람들은 자신의 생활 속에서 어느 정도의 통제감을 가지기를 원한다. 오늘 할 일은 무엇이고, 누구를 만날지, 세부적인 일정은 어떤 것인지 등에 대해 미리 계획하고 그에 따라 준비되어 있는 상태에서 움직이는 것이 편안하다. 반면에 자율형 사람들은 하루 종일의 일정이 꽉 짜여져 있는 계획표를 보면서 답답함을 느끼고 별다른 구속 없이 자유로운 생활 방식을 원한다.

앞에서 질문한 여행 계획의 사례처럼 계획형의 사람들은 미리 계획하고 결정해 준비하면서 편안함을 느끼고, 답사를 해서 세부적인 문제들까지 확인을 거친 완벽한 계획표를 손에 드는 순간 성공 예감을 느낀다. 반면에 자율형의 사람들은 계획을 짜기는 하지만 그 내용이 세부적인 일정까지 포함하기보다는 개괄적인 수준에 그치는 경우가 많으며, 일단 수립된 계획에 대해서도 그때그때의 상황에 맞추어 더 변경할 수 있는 과정이라고 생각한다.

계획형 성격과 자율형 성격이 가지는 또 다른 큰 차이점은 문제를 해결해 나가는 방식이다. 계획형의 사람들은 하나씩 정리하거나 판단하거나 결정해 나가면서 문제를 해결하는 반면에, 자율형의 사람들은 가능한 한 많은 가능성을 열어두고 결정을 미루는 방식으로 문제에 대처한다. 이 때문에 자율형과 계획형이 같이 회의를 하는 경우 계획형은 산적한 문제들을 정리하고 수렴하는 방식으로 회의를 진행하는 반면에, 자율형은 여러 가지 가능성을 더 많이 탐색하는 것에 흥미를 느끼기 때문에 서로 다른 방향으로 진행되는 결과를 낳는다.

계획형과 자율형은 실제적인 일 처리 방식이나 생활 방식과 관련해서 잦은 대립과 갈등을 보인다. 하지만 둘 중 어떤 방식이 반드시 옳다고 할 수는 없다. 나름대로의 장점과 단점을 가진 삶의 방식들이기 때문이다.

이와 같은 다양성과 일관성의 갈등은 직장 내에서의 업무 수행, 가족간의 여행, 토요일 오후의 데이트, 자녀 양육 방식 등 우리 생활 전반에 걸친 삶의 영역들과 관련되어 있다. 이러한 두 가지 '다름'을 보장하고 받아들여 다양성을 인정하면서도 일관성과 안정성을 유지하는 지혜를 발휘해야 한다.

다름을 행복으로 만드는
커뮤니케이션 기술

Chapter 4

다름을 행복으로 만드는 커뮤니케이션 기술

이제 우리는 서로의 '다름'을 가지고 함께 살아가는 여러 사람들을 보게 될 것이다. 지금 이들은 서로의 '다름' 때문에 상처받고, 다투기도 하며, 서로를 비난하기도 한다. 하지만 이들은 서로의 '다름'에 대해 이해하고 수용하면서 '행복'을 만들어 나갈 것이다. 우리가 서로의 '다름'에 대해 조금만 더 궁금해 하고 이해하려 한다면, '다름'은 '행복'을 만들어가는 훌륭한 자원이 된다. 4가지 '다름'의 유형에 따라 함께 어울려 살아가는 지혜를 배워보자.

다름을 인정하면 행복해진다

왜 사람들은 '다름'으로 인해 행복하지만, 한편으론 불행해지는 것일까?
이 '불행'을 '행복'으로 만들어갈 수는 없을까? 이제 그 여정을 떠나자.

'행복'이란 과연 무엇일까? 행복은 우리 삶의 가장 흔한 목표지만,
그만큼 정체가 모호한 개념도 없을 것이다. 그렇다면 우리는 언제 행
복했는가?

　고등학생 시절 힘들게 공부한 결과 내가 원하던 대학에 합격했을
때 우리는 '행복'을 느낀다. 또한 사랑하던 여자에게 조심스럽게 청
혼해 승낙을 받아 이제는 평생을 함께할 동반자가 되었을 때 우리는
'행복'을 느낀다. 사랑하는 부인이 분만실로 들어간 후 애타는 마음
으로 기다리다가 "공주님입니다"라는 간호사의 말과 함께 아이와
산모가 모두 건강하게 내 눈앞에 나타났을 때 우리는 '행복'을 느낀
다. 공원의 풀밭에 아내와 함께 앉아 즐겁게 뛰노는 아이의 모습을
여유로운 마음으로 지켜보면서 내가 생각했던 이상적인 가정의 모
습을 이루었다는 생각이 들면 갑자기 '행복'을 느낀다.

이처럼 우리가 보통 '행복'이라고 부르는 감정은 '자신이 뜻하고 목표하는 바를 이루었을 때 느끼는 감정'으로 정의할 수 있다.

그럼 우리는 언제 행복하지 않은가? 무언가 모자라고 부족하거나, 원하는 대로 되지 않고 좌절됐을 때 우리는 흔히 '불행'을 경험한다. 사랑하던 남자와 결혼해 행복하고 즐거운 결혼생활을 기대했지만, 실망과 좌절에 가득 차서 '왜 내 남편은 나를 사랑하지 않는 것일까?' 라고 생각하는 여자의 마음속에서 우리는 '불행'이 가득 찬 것을 발견할 수 있다. 또한 다른 아이들이 부모와 행복한 시간을 보내는 것을 물끄러미 바라보며 '왜 우리 부모는 나를 사랑하지 않는 것일까?'라고 생각하는 아이의 마음속에서도 우리는 '불행'을 발견할 수 있다.

여기서 잠시, 우리가 행복하지 않은 이유가 과연 진짜 '불행'해서 인지, 아니면 자신의 오해와 편견 때문인지 한번 진지하게 돌아보자.

다름을 이해하지 못하면 불행하다

혹시 남편이 나를 진짜로 사랑하지 않는 것이 아니라, 단지 남편이 사랑을 표현하는 방식이 나와 다른 것은 아닌가? 혹은 나를 사랑하는 마음은 크지만 이를 남몰래 은근히 표현하기 원하고 직접 말로 표현하는 것을 쑥스러워 할 뿐인데, 나는 내 방식대로 표현해주기만을 바라면서 스스로 불행을 만들어가고 있는 것은 아닌가?

부모는 당연히 아이들을 사랑하는 것이고 나도 그렇게 부모의 사랑을 믿어왔기 때문에 아이들에게 '아빠와 엄마는 너를 정말 사랑한

단다!' 라는 표현을 안 했을 뿐인데, 아이는 '왜 우리 부모는 나한테 사랑한다고 말해주지 않지!' 라고 생각하며 부모의 사랑을 받지 못한 다는 불행을 느끼고 있지는 않은가?

즉 진짜로 불행하거나 불행할 수밖에 없는 절박한 상황이 아니라 단지 서로의 '다름' 을 이해하지 않고 수용하지 못한 데 따른 단순한 오해와 편견으로, 우리 스스로를 불행하게 만들고 있지는 않은가 진지하게 고민해볼 필요가 있다.

그럼 행복은 과연 어디에서 오는 것일까? 돈이 많아서 행복할 수 있고, 좋은 차를 타고 다녀서 행복할 수도 있지만, 그래도 좋은 사람과 함께 어울려 살면서 행복을 찾을 수 없다면 아마도 우리는 많은 시간을 불행 속에 살 것이다.

'행복' 을 만드는 것은 아주 간단할 수도 있으며, 굳이 많은 돈을 들이거나 거창한 이벤트를 하지 않더라도 쉽게 얻을 수 있을지도 모른다.

가장 쉽게, 그리고 간단하게 행복해지는 방법은 나를 둘러싸고 있는 사람들이 나와 어떤 '다름' 을 가지고 있는지 이해하고 그들과 나의 '다름' 을 이해하는 것에서부터 시작된다. 그럼 어떻게 나와는 다른 사람들과 '행복' 을 만들 수 있을까?

이제부터 우리의 모습이거나 주변에서 흔히 발견할 수 있는 8명의 타인들의 삶을 들여다보면서 '다름' 을 이해해 나갈 것이다. 이들은 우리가 항상 일상에서 부딪치는, '다름' 으로 행복했고 '다름' 으로 불행을 만들어 갔던 사람들이다.

과연 이들은 왜 '다름'으로 행복하지만 또한 불행한지, 그리고 이들이 어떻게 다시 서로의 '다름'을 '행복'으로 만들어가는지 그들의 삶의 궤적을 따라가볼 것이다. 이 과정을 통해 '다름' 속에서 '행복'이라는 보물을 어떻게 찾는지 배워보자.

표현양과 골똘군의 연애하기

'다름'을 넘어서 둘이 하나되는 표현양과 골똘군의 모습을 보면서,
'다름' 이야말로 소중한 행복을 이끌어내는 씨앗임을 알 수 있다.

　　전형적인 외향형 성격의 표현양과 내향형 성격의 골똘군은 6개월
째 연애하고 있다. 매우 활달하고 매사에 적극적인 표현양과 대체로
차분하고 조용한 골똘군은 처음 만날 때부터 서로의 '다름'에 대해
많이 느끼고 있었다. 처음에는 내가 가지고 있지 못한 '다름' 때문에
서로 끌리게 되었지만, 6개월이 지난 지금 오히려 '다름'이 갈등의
요인으로 느껴지고 있다.

표현양의 살아가는 이야기

저는 표현이입니다. 저는 제 성격이 좋다
고 생각해요. 항상 명랑하고 사교적이며,
사람들한테도 참 잘하거든요. 지금까지 제

주위에는 항상 많은 친구들이 있었을 뿐만 아니라, 저도 그 친구들을 위해 얼마나 노력하는데요.

하지만 가끔은 저도 힘들고 서운할 때가 있답니다. 왜냐하면 대부분의 사람들은 저만큼 상대방을 배려하거나, 상대방을 위해 노력하지 않거든요.

남들을 기쁘게 하거나 즐겁게 해주기 위해 노력하고, 때로는 그들에게 도움이 되도록 조언하고 지적도 해주는데, 사람들이 알아주지 않을 때에는 깊은 배신감을 느끼기도 합니다. 그럴 때면 저도 얼마나 깊은 상처를 받는데요. 그러면 이제는 사람들하고 좀 멀리 지내야겠다는 결심을 합니다.

그런데 제가 이런 결심을 하고 좀 진지하고 어두운 표정을 지으면 사람들은 "너답지 않게 왜 그래?"라고 이야기합니다. "놔둬, 나 심각해. 정말 어디 산 속에나 들어가서 혼자 살까 고민하고 있어"라고 말하면, 친구들은 "네가 산 속에 들어가 혼자 살면 나는 달에다가 방앗간을 차리겠다!"라고 하면서 믿어주지도 않아요.

하지만 그러다가도 주변 사람들이 "갑자기 왜 그래, 힘내! 표현이 네가 축 처져 있으니까 우리도 우울해지잖아!"라고 말해주면, 또 책임감과 사명감에 충만해져서 "그래, 내가 힘내야지. 나만 바라보고 사는 백성들을 위해 이 한 몸 희생하자!"는 결심으로 다시금 웃으면서 산답니다.

골똘군의 살아가는 이야기

저는 골똘이입니다. 저는 제 성격에 문제
가 많다고 생각해요. 남들 앞에서 말도 잘
하고, 나서서 분위기를 주도하는 사람들을
보면 너무 부러워요. 저도 그런 모습을 가지고 싶다는 간절한 바람이
있지만, 막상 그런 상황이 오면 너무 긴장되고 마구 생각이 많아져
요. 물론 좋은 생각들은 아니구요, '망신당하면 어떻게 하지? 남들이
재미없어 하면 어떻게 하지?' 등과 같이 걱정되고 불안해지는 생각
들이 대부분이죠. 나중에 가만히 생각해보면 그럴 만한 이유도 없고,
또 혼자 연습할 때는 잘하거든요.

그런데 갑자기 그런 순간이 다가오면 정말 아무 생각이 안 들고 막
막하기만 합니다. 그럴 때면 꼭 옆에서 "어, 얼굴 빨개졌네!"라고 말
하면서 망신당하는 것을 돕는 못된 사람들이 있어요. 그때는 '내가
지금 어떻게 반응해야 할까?' 만 열심히 생각하느라 제대로 반격도
못하는데, 나중에 생각하면 너무 억울한 거 있죠. 아, 그때 나도 똑같
이 면박을 주는 건데. 하지만 다음 번에 또 그런 상황이 오면 나도 당
당하게 "사람이 그럴 수도 있지, 그런 걸 가지고 꼭 그런 식으로 말
해야 겠어요?"라고 말하면서 복수해야겠다고 생각하는데도, 비슷한
상황이 되면 또 말문이 꽉 막혀 버려요.

아, 말하다 보니 정말 제 성격에 문제가 많은 것 같아요. 왜 저는
꼭 나중에 화가 나죠? 예전에 억울했던 일들이 마구 떠오르네요. 아,

저는 성격이 왜 이럴까요?

표현양과 골똘군의 알콩달콩 연애 이야기

표현양과 골똘군은 대학교 3학년 때 미팅에서 만났습니다. 표현양은 미팅 내내 분위기를 주도했고, 타고난 유머 감각으로 좌중을 내내 즐겁게 만드는 역할을 했습니다. 그런 반면 골똘군은 남자 파트너들 중 가장 말이 없고 조용한 성격이었습니다. 이런 골똘군을 보면서 표현양은 "어느 절에 계시는 스님이세요?", "앗, 자리에 계셨네요. 너무 조용해서 가신 줄 알았죠!"라고 말하면서 은근히 놀리기도 해 미팅 도중에 골똘군의 얼굴이 서너 번 정도 빨개졌고, 그 당황해 하는 모습에 표현양을 비롯한 나머지 사람들이 즐거워했었습니다.

   그런데 표현양은 한쪽 구석에 별로 말도 없이 조용하게 있는 골똘군에게 괜히 관심이 끌렸으며, 골똘군도 자신을 놀리는 것은 쾌씸했지만 그래도 표현양의 밝은 모습을 보면서 마음이 환해지는 느낌이 들었습니다. 결국 파트너를 정하는 순간 표현양과 골똘군은 서로를 지목했으며, 모두가 예상치 못한 결과에 환호하면서 그들의 연애는 시작되었습니다.

표현양과 골똘군의 다름 이야기

막상 둘이서 본격적인 연애를 시작하고 나니 서로 '정말로 많이 다르구나'라고 느끼는 경우가 많았습니다. 식당에 가서 같이 밥을 먹을 때에도 골똘군은 공부하듯이 찬찬히 메뉴를 보면서 '뭘 먹을까?'를 생각하고 있는 동안, 표현양은 벌써 "뭐, 먹을래? 나는 된장찌개!"라고 말을 해 버립니다. 그리고 골똘군이 '골똘'하게 생각한 끝에 "나는 김치찌개 먹을래"라고 말하면 표현양이 "근데 여기는 된장찌개가 더 맛있던데"라고 말하고는 부탁하지도 않았는데 메뉴를 추천해주는 순간, 골똘군은 다시 '내가 선택한 김치찌개가 좋을까, 아니면 여기서 밥을 먹어본 표현이의 말대로 된장찌개가 좋을까? 과연 어떤 선택이 더 좋을까?'라는 물음에 대한 해답을 얻기 위해 '골똘'한 생각에 잠기기 시작합니다.

결국 그래도 원래대로 김치찌개를 선택했으나 생각보다 맛이 별로였던 골똘군은 식당을 나오면서 표현양이 "아, 맛있게 잘 먹었다. 우리 커피나 한잔 할까?"라고 말하는데도 '아까 표현이가 말한 대로 된장찌개를 먹었으면 더 좋았을텐데, 왜 끝까지 김치찌개라고 주장해서 이렇게 맛없는 식사를 하게 되었을까?'에 대해 생각하느라 표현양의 질문을 놓치고는 "응? 지금 뭐라고 했어?"라고 반문합니다.

연애 초기에 표현양은 이와 같은 골똘군의 모습이 싫지 않았으며, 오히려 신중해 보여 좋기도 했고, 한편으로는 자신이 뭔가를 해준다는 생각에 즐겁기도 했답니다. 골똘군의 경우 역시 표현양이 자기 대신에 주도적으로 관계를 이끌어주는 것이 한편으로 편하기도 했고, 자신의 부족한 점을 표현양의 모습을 보면서 고쳐 나갈 수 있을 거라 생각하며 다시금 스스로를 개선하고자 결심하는 계기로 삼았습니다.

그런데 문제는 엉뚱한 곳에서 터졌습니다. 연애가 계속되면서 표현양은 함께 많은 것을 공유하고 많은 이야기를 나누길 원했습니다. 하지만 골똘군은 아무리 친해도 자신만의 영역은 있어야 한다고 생각했으며, 그렇게 하루 종일 붙어 다니면서 미주알고주알 다 이야기 했음에도 불구하고 자꾸 "우리가 정말 애인이면 모든 것을 공유해야 하는 거 아니야? 우리는 서로에 대해 더 알아야 해! 우리는 대화가 부족해!"라고 말하는 표현양의 불만이 이해가 되지 않았습니다.

서로 헤어져 집에 돌아간 후 표현양이 전화를 해서 늦게까지 통화하면서 계속 말할 때면 골똘군은 졸리고 피곤한 것을 억지로 참으면서 전화 통화를 했지만, 때로는 너무 피곤해 끊고 싶어도 표현양이 어떻게 생각할지 몰라 참은 적이 한두 번이 아니었습니다.

그러던 어느 날 표현양이 그동안 참았던 불만을 속사포처럼 쏘아대는 것이었습니다. 이에 대해 골똘군은 표현양의 이야기에 나름대로는 정신을 차리면서 '정말 내가 잘못했나? 내가 뭘 잘못한 거지?'라고 열심히 생각하기 시작했습니다. 그런데 말없이 골똘하게 생각에 잠긴 묵묵부답의 골똘군을 보면서 일방적으로 불만을 쏟아 붓던 표현양은 "정말 너랑은 답답해서 이야기 못하겠어!"라고 말하며 자리를 박차고 나가 버렸습니다. 혼자 남게 된 골똘군은 자리에서 한참을 더 생각해본 후, 그동안 자신도 불만이 없었던 것이 아니었으므로, 그냥 참고 넘어갔던 일들이 억울해지면서 표현양이 자신을 이해해주지 않는 것 같아 '뭐가 문제일까?'라고 다시금 생각에 잠겼습니다.

며칠 후 다시 만난 표현양은 얼굴에 화가 난 표정이 역력했지만 억지로 참는 듯이 보였고, 골똘군은 평소보다 더 말이 없이 어찌 해야 하나 생각했습니다. 결국 이 둘은 헤어지기로 결정하기 전에 다름해 결사를 만나서 일단 상의해보기로 했습니다.

표현양과 골똘군의 행복 만들기

저는 다름해결사입니다. 표현양과 골똘군 은 자신들의 연애문제를 해결하기 위해 저 를 찾아왔습니다. 표현양은 겉으로 보기에 도 화가 많이 나 있었으며, 자신의 답답함에 대해 처음부터 끝까지 여러 가지 사건들을 거론하면서 쉴 새 없이 이야기를 쏟아 놓았고, 골똘군이 말하는 도중에도 자신의 의견과 다른 부분은 곧바로 지적 하면서 반박하는 모습을 보였습니다.

반면에 골똘군은 표현양에 비해 말수도 적었을 뿐만 아니라 말도 느리고, 중간중간에 잠시 생각하는 듯한 표정을 짓곤 했는데, 이런 표정일 때면 표현양은 "바로 저런 표정을 지으면서 저를 무시해요" 라고 말했습니다.

표현양 해결사님, 저는 도저히 골똘이와 더 이상 사귈 수가 없어요. 사람이 어쩌면 저렇게 답답할 수 있나요? 정말 사람을 아주 미쳐 버리게 한다니까요. 어떤 때는 제가 화가 나서 이야기 좀 하려고 해도, 뭐라고만 하면 인상 쓰면서 대답은 안 하고 삐져 있다니까요. 자기도 나름대로의 입장이 있을 거 아니에요. 그러면 그런 일에 대해 같이 이야기를 해야 알 거 아닙니까?

골똘군 해결사님, 저는 절대로 표현이를 무시하거나 표현이의 이야기를 흘려들은 적이 없습니다. 그런데 가끔 표현이가 화가 나서 마구 쏘아대면 혼란스러울 때가 많아요. 왜냐하면 표현이는 저한테 생각할 시간을 주지 않거든요. 그래도 정신차리고 생각 좀 해보려고 하는데 저한테 왜 말이 없느냐고 다그치면 전혀 생각이 되질 않아요.

표현양과 골똘군은 각자 자기 입장에서 자신의 스타일에 따라주지 않는 상대방의 커뮤니케이션 방식에 불만을 표현했습니다. 이처럼 불만을 표현하는 방식마저도 표현양은 매우 빠른 어조로 많은 이야기를 감정이 섞인 채 말한 반면, 골똘군은 천천히 조용하게, 몇 가지 핵심적인 불편함을 중심으로 말했습니다.

저는 표현양과 골똘군에게 서로가 각각 외향형 성격과 내향형 성격임을 알려주고, 외향형 성격은 매우 말이 빠르고 표현의 양이 많으며 즉각적인 반응과 응답 등과 같은 토론식 대화를 선호하는 반면에, 내향형 성격은 생각이 정리되고 어느 정도 확신이 든 경우에만 말로 표현하는 경향을 보이며 여유 있고 공간이 확보되는 대화를 선호한다는 것을 말해주었습니다.

이 이야기를 가만히 듣던 두 사람은 "맞아요", "그래요"를 연발하면서 서로의 '다름'에 대해 새롭게 발견하고 놀라는 반응을 보였으며, 알고 보니 지금은 답답해 하는 커뮤니케이션 스타일이 서로에게 느꼈던 매력의 초점이었다는 것을 발견하게 되었습니다.

표현양 맞아요, 해결사님. 이야기를 차근차근 듣고 보니, 예전에도 그렇게 조용한 말투가 우선 눈에 확 들어왔던 것 같아요. 저는 한참 말해 놓고 괜히 말했다고 후회한 적도 많았구요, 좀 진중해 보이기 위해 말수를 줄일까 고민한 적도 많았거든요. 그래서 골똘이가 그렇게 차분히, 그리고 사려 깊게 말하는 게 좋았어요. 그런데 어느 순간부터 저는 제 스타일에 맞추어 골똘이가 말해 주기를 기대하고 있었군요. 제가 골똘이를 많이 몰아친 것 같네요. 아마 내향형 성격의 골똘이 입장에서는 좀 정신이 없었을 수도 있겠네요.

골똘군 가만히 생각해보니까 해결사님 이야기가 맞는 것 같아요. 저는 원래 생각도 많고 이렇게 표현하는 게 좋을까, 저렇게 표현하는 게 좋을까, 어떻게 표현해야 내가 생각하는 바를 잘 표현하는 것일까 고민하면서 타이밍을 놓칠 때가 많거든. 그래서 처음 표현이가 거침없이 자신의 생각을 말하는 것을 보면서 시원하기까지 했었거든요. 그러다가 어느 순간부터는 제가 감당하기 힘들었는데, 그런 표현을 한 번도 못했으니 표현이 입장에서는 제가 왜 그런지 알기 힘들었겠군요. 정말 답답할 수도 있었겠어요. 하긴 뭐 저도 제 성격이 답답하다고 생각하니까요.

그리고 그동안 싸움의 원인이 되었던 한 예를 집중적으로 물어보면서 그때 서로의 느낌이 어땠는지, 서로 무슨 생각을 했었는지, 정말로 배려하고자 하는 마음이 없었거나 무시했는지 등에 대해 차근

다음을 행복으로 만드는 커뮤니케이션 기술

107

차근 확인해보았습니다. 물론 두 사람에겐 서로에 대한 진지한 애정과 관심이 있었으며, 비록 갈등 때문에 싸우기는 하지만 아직도 서로에게 좋은 감정이 있고 배려하고자 하는 마음에 변함이 없음을 확인할 수 있었습니다.

그렇지만 표현양은 한번 기분이 안 좋아지고 화가 날수록 골똘군의 스타일을 배려하고 맞추기보다는 좀 더 완고하게 자기 스타일의 커뮤니케이션 방식을 요구했던 것으로 나타났습니다. 이에 반해 골똘군은 갈등 상황일수록 더욱 위축되어 말수가 적어지고 자세한 설명으로 이해시키기보다는 더 깊은 생각에 몰두하고, 자꾸 문제의 원인과 대책을 생각하느라 대화에는 오히려 소극적으로 대응했다는 것을 알게 되었습니다.

특히 골똘군의 입장에서는 표현양이 감정적인 어조로 마구 쏟아내는 말들을 감당하기 힘들었으며, 표현양의 입장에서는 문제가 심각하다고 생각해 더 깊은 생각에 잠기느라 겉으로는 굳은 얼굴 표정을 하고 대화에 집중하지 못하는 골똘군의 모습을, 골똘군의 입장에서 생각하기보다는 자신을 무시한다고 해석했던 것입니다.

표현양 골똘아, 정말 내가 많이 잘못한 것 같아. 내가 너를 얼마나 좋아하는데. 다른 사람을 좋아한다는 것이 결국 그 사람이 바라는 것을 해주는 것이고, 그 사람의 입장에서 생각하고 이해해주는 것인데, 내가 너무 그런 면이 부족했던 것 같아. 정말 많이 미안하고, 이제부터는 절대로 안 그럴게. 그리고 너도 너의 생각이 어떤지 좀 더 많이 말해주면 좋을 것 같아. 난 네가 어떤 생각을 하고 있는지 모르겠을 때가 제일 답답하거든. 좀 더 많은 생각을 이야기해 주면 너를 더 많이 이해할 수 있지 않을까?

골똘군 그래, 표현아. (한참 생각 후) 나도 많이 잘못한 거 같다. (또 한참 생각 후) 앞으로 잘해볼게!

해결사 골똘군, 지금처럼 그렇게 간단하게 정리된 채로 말하지 말고, 중간 중간 자기가 생각했던 것도 좀 더 많이 표현해주면 표현양이 더 쉽게 이해할 것 같은데요.

골똘군 아, 그런가요? 제가 또 너무 간단하게 말했네요. 표현아, 나도 어떤 때에는 내가 너무 확실한 것만 말하거나, 아니면 너무 간단하게 표현해서 남들이 오해한다고 생각한 적이 있었거든. 그런데 너의 이야기를 들어보니까, 이제는 그러지 말아야겠다는 생각이 들어. 그리고 앞으로는 그냥 생각에 잠겨 있지 않고, 생각하는 과정도 좀 말로 표현하도록 노력할게. 그리고 너와 이야기할 때 조금만 더 기다려주고 여유를 주면 내가 훨씬 더 잘 대화할 수 있을 것 같아.

역시나 표현양의 화려하고 풍부한 표현에 비해 골똘군은 앞으로의 다짐마저도 너무 간단히 정리되고 요약된 채로 이야기했지만, 해결사의 격려에 힘입어 처음으로 자신의 생각을 자세하게 말했고, 이 모습에 표현양은 반색하며 즐거워하는 모습을 보였답니다.

대물을 행복으로 만드는 커뮤니케이션 기술

표현양은 이제부터 대화할 때 답답하다는 느낌이 들면 '지금 골똘이는 나를 무시하거나 내 말을 소홀히 여기는 게 아니라 잘 대답하기 위해서 생각하는 거야. 지금 내가 개입하면 골똘이의 생각을 방해할 수 있으니 좀 더 기다리는 게 훨씬 더 좋아!' 라고 자동적으로 생각하게 되었고, 골똘군의 경우는 표현양과 대화할 때 '내가 좀 더 자세한 설명을 하는 게 표현이를 위해서 좋아. 완성되고 정리된 생각이 아니어도 그냥 표현해도 괜찮아. 참, 그때 연습한 표현 써먹어야지', "미안, 잠깐만 내가 생각할 여유를 줄래?"라고 말할 수 있게 되었습니다.

지금 두 사람은 어떻게 되었을까요? 아직도 싸우기도 하고 답답하다고 구박하기도 하지만, 그래도 싸움 막판에는 "그래, 해결사님한테 가서 한번 누가 옳은가 판단해보자!"라고 말하는 순간 서로 자기 입장만 주장하던 모습을 발견하고, 상대방을 배려하지 못했다는 것을 깨닫고는 스스로들 해결을 잘한답니다. 결국 저한테 다시 오지 않아도 될 정도로 두 사람은 잘 지내고 있고, 가끔 메일로 안부를 보내준답니다.

안녕하세요, 해결사님. 저 표현이에요. *··*

오늘은 날씨가 너무 화창해서 마음이 설레네요.

이 좋은 날에 어디라도 다녀오셨나요?

...

(중략)

...

저희는 요즘 잘 지내고 있답니다. 아직도 골똘이는 저 없으면 인생이 너무 황량해서 제가 돌보면서 아이 키우는 마음으로 산답니다(저 장하죠?? 칭찬 잔뜩 해주세용~~~~).

그때 해결사님의 조언 덕에 너무 많은 것을 배웠답니다. 골똘이와의 관계뿐만 아니라 다른 사람들과의 관계에서도 많이 적용하고 있어요. 그럴 때면 제가 아직도 너무 부족한 게 많다는 생각도 들고 반성도 해요.

…

(한참 중략)

…

아직도 날씨가 쌀쌀해요. 해결사님 옷 잘 챙겨 입고 다니시구요. 해결사님 감기 걸리시면 많은 사람들이 슬퍼해요. 흑흑흑…

행복하세요~~~~~~

표현이 드림

···

안녕하세요, 해결사님. 골똘이입니다.

해결사님의 조언, 진심으로 감사드립니다.

항상 마음속에 중요한 원칙으로 간직하며 살고 있습니다.

저의 많은 문제를 해결하는 데 많은 도움이 되었습니다.

감사합니다.

골똘이 드림

두 사람의 메일을 받으면 '어쩌면 이렇게 메일마저도 다를까' 라는 생각에 한참을 미소 짓게 됩니다. 날씨 이야기에서부터 제 안부와 옷차림까지 시시콜콜 다 언급해주는 표현양의 메일과 '이게 끝인가' 라고 생각하며 아래위로 다시 봐도 다른 말은 없는 골똘군의 골똘히 생각한 끝에 정리되고 요약된, 그리고 몇 번의 검증을 거친 메일을 보면서 지금도 툭탁툭탁 싸우다가 또 알콩달콩 화해하는 일상적인 '행복' 에 빠져 있을 두 사람의 모습을 상상해봅니다.

표현양(외향형)은 골똘군(내향형)을 대할 때 이렇게 하세요	☞ 겉으로 표현하는 것보다 훨씬 더 많은 생각이 안에 있습니다. 그게 뭘까 궁금해 하세요.
	☞ 감정 표현은 10배 정도 증폭해서 받아들이세요. 워낙 표현이 약하거든요.
	☞ 한꺼번에 많은 이야기를 하지 말고, 한 번에 한 주제씩 대화하도록 노력해보세요.
	☞ 중간중간 쉬거나 기다리면서 생각할 수 있는 시간이나 여유를 주세요.
	☞ 상대방의 말을 중간에서 끊으면 혼란스러워 하니, 중간에 말을 가로채지 마세요.
골똘군(내향형)은 표현양(외향형)을 대할 때 이렇게 하세요	☞ 혼자 생각을 다 끝낸 후에 표현하지 말고, 생각하는 과정도 말로 표현해주세요.
	☞ "응", "그래", "그랬구나", "그래서?" 등과 같은 적극적인 경청 기법을 많이 활용하세요.
	☞ 가능하면 몸 움직임을 많이 사용하세요. 단조로움을 보완할 수 있습니다.
	☞ 내 기준보다 조금 더 과하게 표현해보세요. 훨씬 더 잘 전달됩니다.
	☞ 생각을 단순하게 해보세요. 어떤 때에는 불필요한 생각들도 많습니다.

현실씨의 꿈돌이 키우기

세상을 바라보는 시각의 차이를 조금만 인정해주고, 그 사람의 입장에서 다시
생각해보면 내가 느꼈던 그의 단점은 나를 행복하게 하는 장점이 될 수 있다.

전형적인 실제형 성격의 현실씨는 직관형 성격의 중학교 2학년짜리
아들 꿈돌이를 키우고 있다. 매사에 현실적인 태도를 가진 엄마 현실
씨는 공부는 안 하고 맨날 공상만 하고 사는 것 같은 꿈돌이를 보면
서 답답한 마음을 금할 길이 없다. 현실씨는 아들을 훌륭한 의사로
키우고 싶은데, 이런 식으로는 어림도 없겠다는 생각에 본격적으로
아들의 인생에 대한 리모델링에 들어갔다.

현실씨의 세상 살아가는 이야기

저는 꿈돌이 엄마 현실입니다. 저는 어
려서부터 상당히 꼼꼼하고 현실적인 면이
강했던 것 같습니다. 어렸을 때 집 안의 어

디에 무엇이 있으며, 언제가 누구의 생일이고, 지난번 할머니가 왔다 가셨던 날은 몇 일이었는지 등에 대해 온 가족이 저한테 물어볼 정도였거든요.

저는 태생적으로 애매모호한 것을 싫어하는 성격인 것 같습니다. 예를 들어 친구들이 "우리 다음에 만나서 밥이나 한번 먹자"라고 이야기하면 저는 바로 "언제? 어디서? 구체적인 약속을 잡아야지!"라고 되묻거든요. 그러면 친구들은 무척 당황하고 머뭇거릴 때가 있는데, 그제야 저는 '아, 이 친구가 그냥 형식상 그렇게 말한 것이구나!'라는 것을 확인할 수 있었답니다.

꿈돌이를 가지게 되고 키우면서 저는 예전에는 몰랐던 새로운 즐거움과 기쁨을 느꼈습니다. 꿈돌이가 처음 아장아장 걷던 모습, 나를 보면서 웃던 모습은 물론, 초등학교 입학할 때 작은 키 때문에 맨 앞줄에 서 있어서 키가 작아 어쩌나 싶다가도 한편으로는 '앞에 있으니 보기는 좋네'라고 생각했던 기억까지, 꿈돌이는 저의 희망이자 즐거움이었습니다. 물론 이 모든 과정들은 열심히 사진으로 찍어 보관한 결과, 1년에 한 권씩 해서 열 권도 넘는 사진첩이 있답니다.

꿈돌이의 세상 살아가는 이야기

저는 15살 꿈돌이입니다. 저는 다름중학교 2학년인데, 요즘 공부를 잘 안 해서 엄마를 힘들게 합니다. 하지만 가만히 수업을 들고 있을라치면, 어느 순간 저는 저만의 공상과 상상의 세계를 꿈꾼답니다.

'내가 과학자가 되면 어떨까?', '아니, 유명한 정치가가 되어 세상을 바꾸어볼까?', '아니면 우주인은 어떨까?' 등과 같이 나중에 내가 어떻게 살아야 할지, 그리고 어떤 사람과 결혼하고, 어떤 일을 하며 살게 될지 참 궁금하답니다. 더 정확히 말하면 궁금하다기보다는 그냥 미래의 나의 모습을 자꾸 상상하게 되고, 이런 상상이 매우 즐겁습니다.

이런 공상을 하다가 불쑥 옆의 친구한테 "나, 화가가 될까봐"라고 말을 꺼내면, 그 친구는 갑자기 무슨 뚱딴지 같은 소리인가 싶어 눈만 동그랗게 뜨고 저한테 말합니다. "정신차려 이 친구야, 내일이 시험이야."

그런데 참 그런 생각이 들어요. '시험이 뭐길래 이렇게 내가 얽매여 살아야 하는가?' 물론 이제 집에서는 이런 말 절대로 안 합니다. 엄마가 무척 싫어하시고, 이런 문제로 몇 번 혼났거든요.

하지만 저는 종종 엄마와 관련된 상상도 해요. '내가 혹시 어렸을 때 잃어버린 어느 재벌 집 아들은 아닐까? 그래서 난데없이 진짜 엄마와 아빠가 나를 찾아오지는 않을까? 정말 찾아오면 그때 나는 과연 낳아준 부모를 따라가야 하는가, 아니면 길러준 부모 곁에 남아야 하는가? 정말 고민되네.'

현실씨와 꿈돌이의 가족 이야기

현실씨는 꿈돌이를 낳고 난 이후, 정말 세심하게 꿈돌이를 돌봐왔습니다. 어렸을 때부터 또래 아이들에 뒤지지 않게 유아 학습 교재에서부터 시작해, 옷이나 장난감도 지능계발에 도움이 되는 것들로 현실씨가 직접 골라서 사주는 열성을 보였습니다. 그리고 좀 더 큰 후에는 꿈돌이가 다른 아이들에게 기죽지 않도록 아이들 모두가 원하는 운동화를 알아서 사주기도 했습니다.

현실씨가 이렇게 꿈돌이의 하나하나를 챙기게 된 것은 기본적으로 다른 아이들과는 달리 꿈돌이는 그런 것에 별 관심이 없었기 때문입니다. 다른 아이들은 집에 와서 모두들 나이키 운동화를 사달라고 조른다던데, 꿈돌이는 다른 아이들이 좋아하는 그런 것에는 별로 관심이 없었습니다.

꿈돌이는 책을 읽는 것을 매우 좋아했는데, 가만히 옆에서 보면 책을 한 페이지 읽고 하늘 보고 공상에 잠기고, 또 한 페이지 읽고 다시 하늘 보고 공상에 잠기고 하는 통에 읽는 속도는 매우 느렸답니다. 책 내용도 마찬가지였는데, 현실씨는 꿈돌이가 위인들의 전기나 성공 사례 같은 책들을 읽었으면 했지만 지금까지도 꿈돌이가 가장 좋아하는 책은 『어린 왕자』랍니다. 그 책은 하도 많이 읽어서 너덜너덜해질 정도가 되었으니까요.

그 책에 너무 집착하는 것 같아 하루는 꿈돌이 몰래 버렸는데, 나중에 알게된 꿈돌이가 하도 화를 내서 어쩔 줄 몰라 하다 결국 본인이 쓰레기통에서 다시 찾아온 일도 있었습니다. 이런 꿈돌이를 보면서 현실씨는 무척 걱정이 되었는데, 다른 엄마들도 꿈돌이의 이야기를 듣고 정말 특이한 아이라고 말할 때면 더욱 걱정이 커졌답니다.

현실씨와 꿈돌이의 다름 이야기

현실씨는 최근 들어 꿈돌이를 혼내는 일이 더욱 잦아졌습니다. 중간고사 시험 기간인데도 공부에 제대로 집중하지 못하고 계속 인터넷만 뒤지고 있는 꿈돌이의 모습에 현실씨도 더 이상 참을 수 없어 결국 또 혼내고야 말았습니다.

현실씨는 어렸을 때 시험 기간에 문제집과 참고서 중심으로 처음 볼 때에는 파란색, 두 번째 볼 때에는 빨간색 해가면서 참 열심히도 공부했던 것 같은데, 왜 꿈돌이는 이 모양인지 도대체 알 수가 없었습니다. 게다가 며칠 전에는 혹시 자신을 직접 낳은 것이 아니라 데려다 키운 것이 아니냐는 엉뚱한 질문을 하는 것이었습니다. 그렇지 않아도 잔뜩 벼르던 차에 제대로 걸린 것이지요. 도대체 시험 기간에 시험 걱정을 해야지 무슨 다른 생각에 그렇게 잠겨 있는지 도저히 알 수 없었습니다.

가만히 보면 꿈돌이는 현실씨의 어렸을 때와는 매우 다른 것 같았습니다. 현실씨는 꿈돌이 나이만할 때 가장 먼저 유행을 주도하는 학생이었습니다. 당시에는 라디오 방송을 녹음해서 친구들 사이에 선물하는 것이 유행이었는데, 현실씨는 라디오에 사연을 보내 사은품을 타기도 하고, 멋진 엽서를 보내 자기가 원하는 곡들이 방송에 나오도록 하는 등 재주가 많았습니다. 그리고 남들이 다들 라디오 방송 녹음하느라 고생할 때도 현실씨는 레코드 가게 주인에게 필요한 곡들을 적어 녹음해달라고 부탁하기도 했으며, 얼마 후 현실씨처럼 레코드 가게에서 여러 곡을 녹음해달라고 하는 방법이 새로운 유행을 타기도 했습니다.

또한 현실씨는 꿈돌이 나이 때 선생님과 간호사가 꿈이었는데, 당시에는 그 두 가지가 가장 촉망받는 여자들의 직업이었답니다. 그런 반면에 꿈돌이는 장래에 무엇이 될 거냐고 물으면 한참 생각한 후에 '우주인'이라고 하거나 '물리학자' 등이라고 대답하는데, 이것도 며칠 못 가서 금방 바뀌어 버립니다. 현실씨는 이런 꿈돌이를 보면서 정말 나중에 꿈돌이가 사람 구실이나 할지 걱정스러운 마음을 금할 길이 없었습니다.

현실씨와 꿈돌이의 행복 만들기

현실씨는 꿈돌이가 혹시라도 무슨 문제가 있는 것이 아닌가 걱정되어 센터를 방문했습니다. 현실씨는 첫 면담에서 무엇 때문에 검사를 받으러 왔느냐는 질문에 "아이의 문제점이 무엇인지 정확하고 구체적으로 진단해보고자 한다"고 했습니다. 어떤 문제가 있느냐는 질문에 대해서는 "아이가 너무 현실 감각이 없고 딴 생각이 많은 것"이라고 대답했습니다.

곧이어 꿈돌이와 검사를 위해 만났을 때, 꿈돌이에게 이곳에 방문하게 된 이유를 묻자, 꿈돌이는 잠시의 주저도 없이 "엄마가 가자고 해서요"라고 대답했습니다. 스스로 생각하기에 무슨 문제가 있는 것 같냐는 질문에 대해서는 "저는 문제가 없으며, 오히려 저를 이해해주지 못하는 엄마한테 문제가 있다"고 주장했습니다.

> 현실씨 소장님, 저희 아이 좀 잘 봐주세요. 저희 아이는요, 도통 보통 아이들 같지 않고 너무 엉뚱한 구석이 많아 걱정이에요. 당장 눈앞에 닥친 시험이나 숙제 등은 눈에 보이지도 않는지, 신경도 안 씁니다. 맨날 여기저기서 이상한 것들이나 궁금해 하고, 공부 좀 하라고 성화라도 부리면 책만 펴 놓고 딴 생각하는 모습에 정말 화가 난다니까요.

> 꿈돌이 소장님, 엄마는 저를 정말 이해해주지 않아요. 엄마는 자꾸 저한테 시험 공부해라, 숙제해라 잔소리만 하시는데, 저도 알아서 공부도 하고 숙제도 해요. 하지만 엄마는 제가 알아서 할 수 있는 건데도 자꾸 따라다니면서 확인하고 재촉하는데 미치겠어요. 그리고 내가 정말로 궁금한 것에 대해 진지하게 물어보면 엄마는 괜히 쓸데없는 생각한다고 더 구박하구요. 그래서 진지하게 우리 엄마가 친엄마가 아닌가에 대해서도 고민해봤는데, 아직 확실한 결론은 못 얻었어요.

실제형 성격의 사람과 직관형 성격의 사람은 세상을 바라보고 인식하는 시각에 차이가 있습니다. 따라서 똑같은 곳을 보고 있다고 하더라도, 알고 보면 다른 초점으로 다른 내용을 보고 있는 것이나 다름없습니다. 똑같은 현상을 놓고도 다르게 받아들이고 다른 점을 강조하는 차이를 보이는 것이지요. 그래서 실제형 성격의 사람들과 직관형 성격의 사람들은 서로 대화가 되지 않는다는 이야기를 많이 합니다.

실제형 성격의 사람들은 현재 경험하고 느낄 수 있으며 당장 문제가 되는 것들에 더 관심을 두는 반면에, 직관형 성격의 사람들은 좀 더 미래 지향적이고 눈에 보이는 것 이상의 의미와 가치를 추구하는 경향을 보입니다.

현실씨에게는 현재 부딪혀 있는 상황과 그 상황에서 요구되는 '시험'이나 '숙제'와 같은 급박한 요구들이 중심이 되는 반면에, 꿈돌이에게 지금 요구되는 '숙제'나 '시험' 등은 크게 보면 자신의 장래를 위해 노력하는 일부 과정일 뿐입니다. 그래서 꿈돌이는 자신에게 더욱 중요하고 의미 있는 것은 자신의 미래와 가치를 설정하는 것이라고 생각합니다.

이렇게 실제형 성격과 직관형 성격의 차이점과 나름대로의 장단점을 설명해주었음에도 불구하고, 현실씨는 무슨 말인지 잘 이해하지 못하는 것처럼 보였습니다. 그래서 실제형 성격의 아이들과 직관형 성격의 아이들이 보이는 아주 구체적이고 실제적인 행동들을 예로 들어 설명해주었더니, 금방 수긍하면서 정말 그렇게 다르고 차이가 나는지 의아해 했습니다.

특히 실제형 아이의 예는 바로 자신의 어렸을 적 모습이라고 했으며, 직관형 아이의 예는 바로 지금의 꿈돌이라고 하면서 겉으로는 비슷함에도 불구하고 속내가 이렇게 다르다는 점에 대해 놀라는 모습이었습니다.

하지만 이러한 수긍에도 불구하고 현실씨는 아무리 그래도 꿈돌이에게 무언가 문제가 있을 거라는 생각을 굽히지 않았습니다. 그래서 현실씨에게 개념적이고 추상적인 사상을 다루는 '과학자'와, 아주 구체적이고 실제적인 숫자와 금전적 가치를 다루는 '은행가'라는 직업을 예로 들어 두 직업 간에 어떻게 다른 능력이 요구되는지를 설명해주었습니다.

그제서야 현실씨는 꿈돌이의 공상과 무의미하게 보이는 상상이 실제로는 매우 유용한 상상력과 창의력의 바탕이 된다는 것을 인식하게 되었습니다. 그리고 그렇게 우수한 창의력과 풍부한 상상력을 갖고 있다는 장점과 더불어, 구체적이고 세세한 부분에 대해서는 관심이 적어지는 어쩔 수 없는 단점도 보유할 수밖에 없다는 점을 인정하고 수용하게 되었습니다.

현실씨 소장님의 말씀을 듣고 보니, 그동안 제가 왜 그렇게 꿈돌이를 보면서 답답했는지 이해가 가네요. 가만히 생각해 보니 꿈돌이에게 문제가 있다고만 생각했지, 그런 장점과 능력을 가지고 있으리라고는 생각하지 못했던 것 같습니다. 결국 똑같은 현상인데도 어떻게 바라보는가에 따라 참 다르게 보일 수도 있다는 것을 깨달은 것이 가장 중요한 소득인 것 같네요.

꿈돌이 엄마가 저를 좀 더 이해해준다고 하니 너무 즐거워요. 그동안 엄마의 세부적이고 구체적인 잔소리에 정말 많이 힘들었거든요. 하지만 저도 항상 엄마의 그런 잔소리가 결국은 나 잘 되라고 하는 말이라는 건 알고 있었고, 때로는 엄마가 그렇게 챙겨주지 않으면 어쩌나 하는 걱정도 한 적이 있답니다. 우선은 엄마가 저를 이해해주고 인정해주는 것 같아 기쁘구요, 이제는 좀 더 편안한 마음으로 엄마의 잔소리를 받아들이고, 제 의사를 전달할 수 있을 것 같아요.

현실씨는 자신의 아들이 이렇게 구체적으로 자신과 관련된 이야기를 한다는 점에 무척 놀라기도 하고 기쁘기도 했습니다. 이제까지 현실씨와 꿈돌이가 이런 이야기를 할 때는 주로 격앙된 감정 상태일 경우가 많았습니다. 꿈돌이는 자신의 스타일대로 이야기하고, 현실씨 역시 자신의 스타일대로 이야기했기 때문에 더욱 대화가 단절되어 왔다는 것을 깨닫게 되었습니다.

특히 꿈돌이에게는 엄마와 이야기할 때에는 좀 더 구체적이고 자세하게, 그리고 예를 들어가면서 이야기해보도록 권했으며, 현실씨에게는 이해가 되지 않는다고 짜증을 내거나 감정적인 반응을 보이지 말도록 권했습니다.

이후에도 현실씨는 여러 번 전화를 걸어서 아들의 행동을 어떻게 해석하고 받아들여야 하는지, 또 구체적으로 어떻게 대처해야 하는지에 대해 조언을 구하기도 했습니다. 현실씨는 자신의 아들이 쓸데없는 공상이나 헛된 상상에 몰두하는 아이가 아니라, 장래에 촉망받는 과학자가 될 자질이 풍부한 능력 있는 아이라는 확신을 가지게 되면서부터 훨씬 더 많은 즐거움과 기쁨을 꿈돌이로부터 얻을 수 있었습니다.

현실씨(실제형)는 꿈돌이(직관형)를 대할 때 이렇게 하세요	☞ 말할 때 큰 범주부터 언급한 다음 세부적인 이야기로 들어가세요. ☞ 이해가 잘 되지 않을 때에는 구체적인 사례를 요구하세요. ☞ 미래 가치와 현실적 가치를 구분해 균형 있게 생각하고 고려해보세요. ☞ 상대방의 창의적 생각과 상상력에 적극 동참해보세요.
꿈돌이(직관형)는 현실씨(실제형)를 대할 때 이렇게 하세요	☞ 구체적이고 사실적인 예를 많이 드세요. ☞ 상상의 결과와 실제 구체적인 사건을 구분해 이야기해보세요. ☞ 건너뛰면서 이야기하지 말고 차근차근 이야기하세요. ☞ 보여주고 스스로 경험할 수 있는 기회를 제공해주세요.

분석씨와 포근씨의 결혼 이야기

> 분석씨는 포근씨의 따뜻한 관심과 세세한 배려를 기쁨으로 받아들일 것이고,
> 포근씨는 분석씨의 객관성과 합리성을 존경하면서 잘 살고 있을 것이다.

전형적인 사고형 성격의 남편 분석씨와 감정형 성격의 아내 포근씨
는 결혼한 지 5년 되었으며, 3살짜리 딸을 하나 키우고 있다. 두 사람
모두 직장생활을 하고 있고, 각자의 직장에서도 유능한 사람으로 인
정받고 있다. 하지만 결혼생활을 하면서 오히려 가정생활이 직장생
활만큼 쉽지 않다는 생각을 종종 했고, 아이가 생기면서 육아와 관련
된 문제에서도 사사건건 부딪치는 일이 많았다.

분석씨의 살아가는 이야기

저는 분석이입니다. 저는 법조계에 계시는
아버님 슬하의 비교적 엄격한 집안에서 자
랐으며, 그런 영향 때문인지 무척 합리적

이고 논리적인 성향이 강합니다. 사적인 감정에 얽매이기보다는 객관적으로 생각하고 합리적으로 판단하려고 노력하지요. 그 대상이 자신이어도 마찬가지고, 가족이나 친구여도 마찬가지입니다. 그래서 그런지 때때로 냉정하다는 소리를 듣는데, 저는 솔직히 그런 이야기를 들을 때 제일 억울합니다.

제가 얼마나 마음이 따뜻한 사람이고 싶고, 부드러운 사람이고 싶은데요. 하지만 잘못된 건 잘못된 거고, 사람들에게 마냥 거짓말로 잘해주기보다는 그 사람의 문제점을 지적해주고 올바른 길을 제시하는 것이 더 중요하며, 결과적으로는 더 도움이 되는 것이라고 생각합니다. 그런데 그런 마음도 알아주지 않고 정말 억울합니다.

아이문제도 그래요. 아이를 키우는 데 저는 원칙이 있어야 한다고 생각하거든요. 결국 아이란 부모가 이끌어주는 대로 가는 것이고, 따라서 부모의 책임이 크다고 생각해요. 올바르고 건강한 한 사람으로 만들기 위해 노력하는 중입니다.

포근씨의 살아가는 이야기

저는 포근이입니다. 아침이면 아빠가 저를 꼭 안고 "사랑하는 우리 포근이, 아빠 회사 갔다올게"라고 말할 정도로 감성이 아주 풍부하신 부모님 밑에서 자랐습니다. 저는 이 세상의 모든 사람들이 행복하고 즐거웠으면 좋겠어요. 불행한 사람도 없고 슬픈 사람도 없이 모두가 행복하고 웃으면서 살아갈 수 있는 세상, 싸움도 없고 갈등도 없이 모두가 서로를 아끼면서 존중하고 위로해주는 세상을 바란답니다.

그래서 저는 손해볼 때도 많아요. 다른 사람과 싸울 만한 일이 있을 때에도 제가 좀 참거나 양보해서 조용히 해결될 것 같으면 그냥 참고 말거든요. 물론 사람들은 그런 제게 "왜 그러느냐?"고 질책하면서 정신차리고 살라고 충고하지만, 저는 오히려 사람들을 위하는 마음이 없는 그 사람들을 탓하고 싶어요. 그래도 제가 한번 참아서 상대방의 기분도 좋아졌잖아요. 다들 좋으면 그냥 그게 좋은 거 아니겠어요?

분석씨와 포근씨의 깨소금 결혼 이야기

분석씨와 포근씨는 친구의 소개로 처음 만났습니다. 분석씨의 포근씨에 대한 첫인상은 무척 친절하고 상냥했다는 것이며, 첫날부터 여러 가지를 챙겨주는 모습들이 좋게 생각됐습니다. 반면에 포근씨는 분석씨를 보면서 사람이 좀 차갑고 냉정한 것 같아 다소 거리감이 느껴졌으나, 그래도 소개해준 친구의 입장을 생각해 잘 대해주고자 노력했습니다.

며칠 후 다시 만나자는 전화가 왔을 때도 거절하기 어려워 나갔던 것이지 처음부터 맘에 들어서 만난 것은 아니었습니다. 그런데 시간이 지날수록 분석씨는 자신과는 다르게 따뜻함이 드러나는 포근씨가 더욱 맘에 들었고, 포근씨는 때때로 냉정한 모습에도 불구하고 항상 일관되고 논리적인 분석씨의 태도에 신뢰감이 생겼으며, 어느새 분석씨를 만날 때면 설레고 좋아하는 감정을 느끼는 자신을 발견하게 되었습니다. 이렇게 1년 정도의 연애 기간을 거친 후 그들은 결혼에 골인하게 되었습니다.

분석씨와 포근씨의 다름 이야기

결혼하기로 약속을 하고 양쪽 집안에 인사를 하러 갔을 때부터 분석씨와 포근씨는 매우 다른 경험을 했답니다. 대부분 사고형 성격을 가진 분석씨의 가족들에게 인사를 갔을 때, 포근씨는 그렇지 않아도 어려운 자리인데 분석씨의 부모님들이 자신을 맞이할 때나 이야기를 나눌 때 별로 웃지도 않으시고 자신의 가족에 대해 이것저것 물어보시는데, 꼭 취조를 받는 듯한 느낌이 들었습니다. 그래서 나중에 분석씨를 만나 "부모님이 나를 싫어하시나봐"라고 걱정스럽게 말했지만, 자신의 느낌과는 달리 분석씨는 매우 마음에 들어하셨다고 해서 좀 이상하다고 생각했습니다.

　그런 반면에 분석씨는 처음으로 포근씨의 집에 인사를 갔을 때, 첫 만남부터 격의 없이 대하면서 "사위도 아들인 걸, 이리 와서 편하게 앉게"라고 말하는 장인 어른을 보며 '그래도 난 사위지 아들은 아닌데, 사위와 아들은 많이 다르지 않나?'라고 생각했고, 너무 개인적이고 사적인 질문까지 받아 당황스러웠습니다.

하지만 점차 자신이 어렸을 때에는 경험해보지 못했던 무척 따뜻한 집안 분위기가 마음에 들었습니다. 솔직히 어떤 때에는 이런 지나친 관심이나 배려가 좀 성가실 때도 있지만, 그래도 어느 순간 그런 분위기가 그립다는 생각을 하기도 했습니다.

그런데 막상 결혼생활을 하면서부터는 서로가 참 많이 다르다는 생각을 하게 되었습니다. 분석씨는 알고 보니 포근씨가 아무한테나 친절을 베푸는 것 같아 어떤 때에는 좀 기분이 안 좋을 때도 있었으며, 경제적인 문제 등에서도 너무 헤픈 것이 아닌가 걱정될 때가 있었습니다. 반면에 포근씨는 분석씨가 자신에 대한 감정 표현을 제대로 해주지 않는 것에 대해 많이 서운했습니다. 치사해도 용기를 내서 "당신은 나 사랑해?"라고 물으면 "그럼 사랑하니까 결혼했지, 사랑하지도 않는데 왜 결혼했겠어?"라고 퉁명스럽게 말하는 분석씨가 정말 나를 사랑하는 게 맞나 하고 회의를 느끼기도 했습니다.

한번은 포근씨가 퇴근길 지하철 역에서 "부산에서 왔는데 차비가 없어서 못 간다"고 하면서 어려움을 호소하는 사람에게 몇 만 원을 빌려주고 왔다는 이야기를 듣고서, 분석씨는 '이번 기회에 제대로 경제 관념을 고쳐줘야 겠다'는 결심을 하게 되었습니다. 그래서 "그 사람이 정말 부산에서 왔는데 차비가 없다는 것을 어떻게 믿느냐?", "돈을 쓰려면 좀 더 효율적으로 필요한 곳에 쓰자", "가끔씩 당신은 부모님들 선물을 줄 때도 우리 분수에 안 맞게 너무 좋은 것을 사주려고 하는 경향이 있다" 등과 같이 포근씨의 지금까지 행동에 대해 조목조목 이야기를 해주었는데, 오히려 포근씨는 너무 서운하다고 하면서 울음을 터뜨렸습니다. 이에 분석씨는 자기가 나름대로 생각해서 또 다시 실수하지 않도록 해주려고 한 것이었는데, 이걸 왜 감정적으로 받아들이는지 이해하기 힘들었습니다.

결정적으로 심각한 싸움을 하게 된 계기는 어느 날 일찍 퇴근한 분석씨와 포근씨가 대화를 나누던 중에 생겼습니다. 포근씨가 "우리 회사 김부장 알죠? 나 정말 그 사람 때문에 열받아 죽겠어. 정말 회사를 때려치울까봐!"라고 말하자, 분석씨는 무표정하게 "왜? 무슨 일이 있었는데? 무슨 일이 있었는지 알아야 이야기를 할 거 아니야"라고 말했습니다. 그러자 갑자기 포근씨가 "당신은 어쩜 부인이 힘들다고 이야기하는데 그 정도밖에 말을 못해요!"라고 하면서 눈물을 흘렸고, 분석씨는 그 순간 또 실수했구나 하는 생각이 들었습니다.

그래서 나름대로는 사태를 수습해 이야기를 다 들은 후 포근씨에게 "근데 그건 당신이 잘못했네. 부장님한테 당신이 그런 식으로 하면 안 되지. 왜냐하면 당신이 실수한 건 첫째, 둘째…" 등과 같이 객관적이고 합리적으로 생각해서 이야기를 했지만, 포근씨의 돌이킬 수 없을 정도로 상처받은 모습만을 볼 수 있었습니다.

포근씨는 아까보다도 더 서운한 표정으로 "당신은 나를 부인으로 생각하는 거 맞아요?"라고 말하면서 "정말 당신한테 너무 상처받아서 도저히 힘들어서 못살겠어요!"라고 폭탄선언을 했습니다. 분석씨는 '뭐 때문에 상처받았는데? 왜 그런지 이야기해야 알지?'라고 묻고 싶었으나 문제가 더 커질 것을 염려해 일단 무조건 참고 넘겼습니다.

이 사건 때문에 서먹서먹하던 분석씨와 포근씨는 서로 뭔가 오해

가 있는 것 같은데, 무엇인지 명확하지는 않고 혼란스럽던 도중 다름
상담소를 찾아오게 되었습니다.

물론 오는 과정도 상당히 달랐습니다. 포근씨는 남편과의 일을 친
구와 이야기하던 중 다름상담소 이야기를 듣고 나서 '참 좋은 선생
님이 계신다'는 말에 가보자고 결심한 후 남편에게 상담을 권유했습
니다. 반면에 분석씨는 포근씨로부터 이야기를 듣고 "왜 우리 문제
를 남에게 도움 받아야 하는데?"라고 되물었다가 한 번 더 싸웠으며,
결국 다름상담소로 전화해 '그곳이 어떤 곳인지, 가면 어떤 도움을
받을 수 있는지, 어떤 방식으로 진행하는지' 등에 대해 자세히 알아
본 후 결심하게 되었습니다.

분석씨와 포근씨의 행복 만들기

저는 다름상담소의 소장입니다. 분석씨와
포근씨는 자신들의 결혼생활에서 자꾸 부
딪치는 문제들을 해결하기 위해 저를 찾아
왔습니다. 포근씨는 자리에 앉아 몇 마디 한 후 울면서 이야기를 시
작했으며, 분석씨는 그런 포근씨의 모습에 매우 당황해 했습니다. 조
금 진정한 뒤 포근씨는 비교적 차분하게 자신이 생각하는 문제점과
나름대로의 원인에 대해 설명했습니다.

포근씨 소장님, 저는 정말 이렇게 차갑고 냉정한 남자랑은 같이 살 수 없어

130

요. 언제 한번 따뜻하게 '사랑한다'는 말 한마디 해주기를 하나, 아님 직장에서 힘들지 않았냐고 위로의 말 한마디 해주기를 하나, 정말 제 마음을 너무 몰라줘요. 제가 이 사람을 얼마나 좋아했는데, 이제는 저에 대한 사랑이 식은 것 같아요. 그동안 너무나 마음의 상처를 많이 받았어요. 이 사람이 뭘 잘못해도 속상하고 상처받을까봐 내가 조금만 더 이해하자 하면서 참고 넘어가면, 정말로 자기가 잘한 줄 안다니까요. 제 마음을 어디 가서 위로받아야 할지… 생각만 해도 눈물이 나요.

분석씨 소장님, 저희의 결혼생활은 별로 문제가 없다고 생각합니다. 저는 가장으로서의 역할을 충실히 수행하고 있구요, 아이도 잘 자라고 있습니다. 때때로 부부싸움을 하기는 하지만 부부싸움 정도야 부부 사이에 너무 당연한 거 아닙니까? 오히려 한번도 부부싸움을 안 하는 사람들이 더 이상한 거지요. 그래도 나름대로 많이 생각을 해봤는데요, 저희 부부의 문제는 한 세 가지 정도로 정리할 수 있을 것 같은데, 첫째는 저의 문제로….

우선 분석씨와 포근씨 모두에게 기본적으로 서로를 처음과 변함없이 사랑하고 있는지 확인했습니다. 이에 대해 분석씨와 포근씨 두 사람을 모두 분명하게 서로를 사랑하고 있으며, 자신들의 가정과 배우자에 대한 강한 책임도 느끼는 등 기본적인 결혼생활의 기초가 튼튼하다는 점을 확인할 수 있었습니다. 이를 확인한 후 분석씨와 포근씨에게 각기 자신의 사랑방식에 대해 이야기해보도록 했습니다.

포근씨 저는요, 사랑은 느낌이라고 생각해요. 사랑은 그냥 느껴지는 거잖아요. 그 사람을 생각하면 설레고, 보고 싶고. 실은 아직도 우리 분석씨를 생각하면 저는 마음이 즐거워져요. 그런데 막상 이야기를 하다 보면 자꾸 서운하게 되고 화도 나고 그래요. 나는 맨날 '사랑한다', '좋아한다' 표현하고 기쁘게 해주려고 노력하는데, 이 사람은 저를 기쁘게 하는 데 관심이 없어요.

분석씨 저는 사랑은 행동으로 보여주는 거라고 생각합니다. 단지 말로만 '사랑한다', '좋아한다' 이렇게 표현하는 건 참 무가치하다는 생각이 들 때도 있어요. 그것보다 더 중요한 것은 두 사람 간에 서로 신뢰하고, 그것을 보여줄수 있는 무언가를 행동으로 증명하는 거지요. 제가 나름대로 가정을 위해 열심히 일하고, 아내에게 필요한 것들을 해주는 것, 그리고 아이의 아빠로서 책임을 다하는 것, 이것이 사랑을 보여주는 거라고 생각해요.

분석씨와 포근씨는 서로의 이야기를 듣고 난 후 잠시 멍하게 혼란스러워 하는 것처럼 보였습니다. 서로 사랑하니까 결혼했고, 결혼해서도 사랑한다고 생각했는데 실제로는 이렇게 다르게 정의하고, 다르게 생각하고, 다른 방식으로 표현하고자 했다는 생각에 한편 놀라우면서도 이해가 되지 않는다는 모습이었습니다.

그래서 감정형의 사람들은 사람 사이의 문제를 중요하게 여기고, 그 안에서 일어나는 감정을 소중하게 생각하며, 이를 표현하는 데도 비교적 능한 반면에 좋은 감정 표현을 듣기도 원한다는 것을 말해주었습니다. 또한 사고형의 사람들은 객관적이고 합리적으로 생각하며, 감정적인 문제들도 나름대로의 논리와 사고를 통해 표현하고자 한다는 것을 설명해주었습니다. 그리고는 사고형끼리 사는 부부들과 감정형끼리 사는 부부들의 예를 들어주면서 서로 어떤 기대를 가지고 있으며, 어떤 것을 더 중요하게 여기는지 그 '다름'에 대해 말해주었습니다.

그러자 분석씨는 지금까지 대인관계에서 어렵고 이해가 안 되던 부분들에 대한 해답을 포근씨의 행동에서 발견할 수 있었으며, 앞으로 포근씨를 보면서 사람들을 대할 때 필요한 새로운 자세를 배워보겠다고 했습니다. 포근씨는 자신이 우유부단하고 때때로 사람들에 의해 좌지우지되는 점들이 속상했었는데, 이런 점들을 개선하는 방법을 남편에게서 찾을 수 있겠다고 하면서 기뻐했습니다.

분석씨와 포근씨에게 사고형과 감정형의 차이와 사랑에 대해 설명하는 과정에서 좀 다른 배려를 했습니다. 객관적이고 논리적인 성향의 분석씨를 위해서는 사랑이 무엇인지 도표를 이용해 설명하거나, 순서도 형식을 빌려 가능한한 객관적이고 논리적으로 설명하려고 노력했습니다. 하지만 감정형인 포근씨를 위해서는 지난 시간 힘들었을 감정을 공감하고 지지해주면서 그동안 쌓였던 감정의 응어리가 풀릴 수 있도록 도와주었습니다.

상담 마지막에 서로 얼굴을 쳐다보면서 "사랑해!"라고 말하도록 연습할 때, 분석씨가 쑥스럽고 익숙하지 않아서 몇 번을 망설이다가 "사랑해요, 포근씨! 당신이 있어서 나는 너무 행복해요!"라고 말하는 순간 포근씨는 감동의 눈물을 흘렸으며, 그 모습을 보면서 분석씨

다름을 행복으로 만드는 커뮤니케이션 기술

도 행복한 표정으로 변하는 것을 보았습니다.

> 포근씨 소장님, 너무 감사해요. 정말 소장님 덕분에 분석씨와 제가 다시금 새로운 결혼생활을 할 수 있게 된 것 같아요. 너무너무 감사해요. 오늘 너무 행복한 시간이었구요, 정말 즐거웠어요. 여기에 오기를 너무 잘한 거 같아요. 소개시켜준 친구에게도 고맙다고 꼭 말해야겠어요. 호호호~

> 분석씨 소장님, 오늘 정말 감사합니다. 저희 부부에게 많은 도움이 되고 유익했던 시간이었습니다. 지금까지 이해하지 못하고 알지 못했던 많은 부분들을 깨달은 것 같구요, 어떤 문제들이 있었는지 분명히 이해하게 됐습니다. 특히 오늘 유익했다고 생각되는 점은 첫째… 둘째… 셋째….

처음 포근씨의 상담 소감을 들을 때는 저도 마음이 훈훈해지는 것 같다가, 분석씨의 소감을 들으면서 갑자기 긴장되고 뭔가 적어야 할 것 같은 생각이 번쩍 들었답니다. 아마도 이제는 좀 더 서로를 이해하는 마음으로 분석씨는 포근씨의 따뜻한 관심과 세심한 배려를 감동적으로 받아들일 것이고, 포근씨는 분석씨의 합리성과 냉철함을 존경하면서 잘 살고 있을 겁니다.

분석씨(사고형)는 포근씨(감정형)를 대할 때 이렇게 하세요	☞ 상대방의 말을 옳고 그름의 차원으로 평가하지 말고 그대로 인정하세요. '하나의 의견일 수도 있지' 라고 생각하세요. ☞ 온화하고 부드러운 표현을 적극 활용하세요. 냉정해 보이는 것을 보완해 줍니다. ☞ 상대방의 말을 그대로 따라가면서 과연 그런 상황에서는 어떤 감정일지 생각하는 연습을 하세요. ☞ 드라마나 영화와 같이 감정이입을 연습할 수 있는 자극들을 활용하세요. 내가 경험해보지 못한 상황에 대해서도 공감하게 되는 효과가 있답니다.
포근씨(감정형)는 분석씨(사고형)를 대할 때 이렇게 하세요	☞ 가능한 미리 정리해서 차근히 이야기하세요. 감정이 앞서면 내용이 가려져요. ☞ 감정만 전달하지 말고 감정을 느끼게 된 과정이나 원인에 대해서도 전달 하세요. 훨씬 잘 전달됩니다. ☞ 상황을 객관적으로 판단하고 평가하는 연습을 하세요. 감정의 눈가림에서 벗어나게 됩니다. ☞ 감정 표현을 구체적으로 하세요. 감정 표현하는 법을 가르쳐줄 수 있답니다.

꼼꼼이와 태평이의 친구하기

지금까지는 단지 보이는 것만을 보는 실수를 범했다면, 이제부터는 눈에 보이지는 않지만 그 사람만이 가진 가치를 발견하는 기쁨이 그들 안에 넘쳐흐를 것이다.

전형적인 계획형 성격의 꼼꼼이와 자율형 성격의 태평이는 다름대학교 같은 과 친구이다. 같은 학회 활동을 하면서 친해졌고, 집도 같은 방향이어서 자주 함께 다녔다.

그런데 둘 사이에는 다른 점이 많았는데, 꼼꼼이는 뭐든지 준비하고 대비하는 편이었지만 태평이는 항상 느긋하고 여유 있는 태도를 보이는 편이었다.

그러던 중 학회에서 춘계 MT를 가기로 했는데, 꼼꼼이와 태평이에게 MT를 준비하라는 막중한 사명이 주어진 이후 둘의 갈등은 뚜렷해졌다. 이 과정에서 서로 문제가 있다고 생각돼, 같이 학생상담소에 가서 누가 더 문제인지 결판을 보자는 심정으로 검사와 상담을 받게 되었다.

꼼꼼이의 살아가는 이야기

저는 꼼꼼이입니다. 저는 항상 철저하게
준비하는 것이 생활화되어 있어요. 어렸을
때에도 다음날 준비물이나 가방 등을 미리
챙겨 놓고 자야 마음이 놓였고, 지금도 아침 수업이 있는 날이면 자
명종 2, 3개쯤 맞추어 놓고 늦지 않게 신경을 많이 씁니다. 어떤 때에
는 저의 이런 성격이 참 답답하다는 생각이 들때도 있어요.

여자 친구랑 만날 때도 오늘은 무엇을 할까 미리 생각하고 계획하
다 보니, 가끔 어쩔 수 없이 계획이 틀어지면 무척 스트레스를 받거
든요. 그런 점에서 태평이를 보면 부럽기도 하고, 한편으로는 솔직
히 걱정되고 한심하다는 생각이 들기도 해요. 생각이 없는 건지, 아
니면 그냥 막 살려고 결심한 건지. 어쩌겠습니까, 제가 챙기고 돌봐
야지요.

태평이의 살아가는 이야기

저는 태평이입니다. 저는 원래 자유롭게
사는 게 인생의 목표예요. 어디에도 구속
받지 않고 한 마리의 새처럼 원하는 대로
사는 거죠. 제일 싫어하는 것 중 하나가 제도예요. 고등학교 다닐 때
도 똑같은 교복에, 똑같은 교재에, 똑같은 수업을 받는 게 너무 답답

했거든요. 그 속에 있으면 어디에서도 저의 색깔을 발견하기 어려웠으니까요.

대학교에 들어오면서부터는 그나마 좀 자유롭다는 느낌을 받았는데, 그래도 여전히 저를 구속하는 것은 많아요. 보세요, 꼼꼼이가 전화했잖아요. 또 학교 늦는다고 빨리 나오라고 성화예요. 아! 정말 인생을 이렇게 살아야 하나? 지금 바다가 나를 간절히 부르고 있는데, 훌쩍 떠나고 싶어라.

꼼꼼이와 태평이의 우정 이야기

다른 사람들은 꼼꼼이와 태평이가 친하게 지내는 것이 참 신기하다고 합니다. 전형적인 모범생으로 지각도 한 번 안 하고 필기도 제일 잘하며, 시험 때면 수첩에 계획표 딱 붙여 놓고 정말 시계바늘처럼 사는 꼼꼼이와 수업 시간에 늦기 일쑤고 어떤 날은 오늘이 시험인지 몰랐다면서 30분 늦게 들어와 황당한 표정을 하고, 맨날 중요한 걸 잃어버리고 다니는, 나사 하나 풀린 것 같은 태평이가 함께 다니는 것을 보면서 신기해 하지요.

그래도 끝까지 태평이의 시간표 관리부터 보고서 내는 날까지 챙겨주는 꼼꼼이가 없으면, 아마 태평이는 대학생활 제대로 마치지 못할 거라는 말들이 많습니다. 하지만 태평이는 요즘 자기 인생의 즐거움을 가로막는 방해자가 바로 꼼꼼이라면서, 오히려 자신이 꼼꼼이의 답답한 인생을 해방시켜주는 구원자라고 당당하게 이야기하고 다닙니다.

실제로 꼼꼼이는 태평이의 심한 태평스러움이 걱정되기도 하고 세세한 것들을 챙겨주는 과정에서 스트레스도 받지만, 그래도 생각과 행동이 자유로운 태평이를 보면서 대리만족을 하고 있는 것은 아닌지 생각한 적이 많았습니다.

꼼꼼이는 너무 충동적이지 않은가 싶을 정도로, 자신은 시도해보지 않았던 일들에 대해 관심과 호기심을 보이며 항상 틀에 박힌 것보다는 새로운 것을 시도하는 태평이의 독창성과 창조성이 부러웠습니다.

태평이도 꼼꼼이가 자신에게 얼마나 필요하고 도움이 되는지 분명히 알고 있었습니다. 왜냐하면 원래 필기와는 거리가 먼 자신에게 항상 양질의 필기 내용을 제공해줄 뿐만 아니라, 까맣게 잊고 있던 시험 날짜와 시간을 상기시켜주어 권총 찰 뻔한 과목들을 막아준 것도 꼼꼼이니까요. 이런 꼼꼼이와 태평이를 보면서 사람들은 '부조화 속의 조화'라고 하며, 이해하기 어렵지만 서로를 꼭 필요로 하는 한 쌍의 친구로 생각했습니다.

꼼꼼이와 태평이의 다름 이야기

그런데 이번에 학회 MT 준비를 두 사람에게 동시에 맡긴 것이 불행의 시작이었을까요? MT를 준비하면서 꼼꼼이와 태평이는 사사건건 부딪히는 일이 많아졌습니다.

우선 MT 장소를 결정하는 데 있어서 꼼꼼이는 전형적인 학과 MT 장소 3곳과 좀 더 새로운 MT의 명소 3곳 등, 총 6곳의 후보지를 자료까지 준비해 제시했는데, 아무런 생각 없이 모임 약속마저 잊고 있었던 태평이는 30분이나 늦게 나타나 꼼꼼이가 준비한 것들을 보면서 재미있어만 했지 구체적인 진행과 관련된 이야기는 도통 하지 않는 것입니다.

이에 꼼꼼이는 준비를 전혀 해오지 않은 태평이에게 화가 났고, 다음에 다시 이야기하기로 했습니다. 이틀 뒤 모임에서 태평이는 갑자기 새로운 장소라고 하면서 인터넷으로 10곳이 넘는, 전국 구석구석에 있는 재미있는 MT 장소들에 대한 자료를 준비해 왔습니다. 꼼꼼이는 이에 놀라면서 왜 지난번에는 이렇게 준비를 하지 않았나 싶어 더욱 황당했습니다.

또 한 가지 문제는 도대체 태평이는 MT를 준비하는 것인지, 아니면 여러 관광지를 구경하는 것인지 구분이 안 갈 정도로 MT의 내용계획에는 신경을 쓰지 않는 것이었습니다. 단지 장소에 대한 정보들에 매달려 매번 만날 때마다 새로운 장소를 제시하는 통에 꼼꼼이는 스트레스가 극에 달했습니다.

반면에 태평이는 뭔가 이번 MT를 통해 학회의 단합과 새로운 분위기를 도모하자는 마음에, 나름대로는 좀 더 많은 자료를 모으는 게 좋겠다고 생각하면서 노력을 기울였습니다. 하지만 자꾸 결정하고 정리하자고 보채는 꼼꼼이가 답답하게 느껴졌습니다.

꼼꼼이와 태평이의 행복 만들기

상담실에 들어오자마자 태평이가 상담실 내부를 두리번거리면서 평상시에 보기 힘들었던 책들과 그림 등에 호기심을 보이는 사이, 꼼꼼이는 자신이 상담할 때 이야기하기 위해 생각한 것들을 메모한 종이를 꺼내 들고 있었습니다. 꼼꼼이가 상담 내용을 기록할 노트를 꺼내자 태평이는 "어? 상담도 필기해야 돼?" 하면서 갑자기 밖으로 나가 종이 몇 장을 구해오는 민첩성을 보이기도 했습니다.

> 꼼꼼이 해결사님, 어떻게 하면 태평이의 성격을 고칠 수 있나요? 정말 이제 더 이상 태평이와 함께 못 지내겠어요. 제가 적어온 거 보실래요? 아니면 제가 설명을 해드릴까요?

> 태평이 꼼꼼아, 왜 그래? 나는 별로 문제 없는 거 같은데. 난 어떤 때 꼼꼼이 네가 더 문제인 것 같아. 해결사님 근데 여기는 사람들이 많이 찾아와요? 사람들이 와서 어떤 이야기를 상담하나요?

처음부터 상담할 때 이야기하기 위한 내용을 메모한 종이를 가지고 하나씩 점검하는 꼼꼼이의 자세와 상담하러 왔으면서도 새롭고 낯선 상황에 대한 호기심으로 가득 차 있는 태평이를 보면서 '어떻게 같이 어울려 다녔을까' 하는 생각에 재미있었지만, 꼼꼼이의 너무도 진지한 표정을 보며 사뭇 심각한 태도를 유지할 수밖에 없었습니다. 그동안 서로에게 느꼈던 생각과 감정에 대해 대화한 후 태평이에게 물었습니다.

해결사 태평이는 자기 성격이 어떻다고 생각해요?

태평이 저요? 음, 글쎄요. 아직 확실한 결론을 내린 건 아닌데요. 저는 좀 체계적이고 계획적인 면이 부족한 것 같아요. 근데 한편으로는 독창성과 창의성은 있는 것 같구요. 나름대로 그 문제에 대해 많이 생각해보았는데요, 너무 체계적이고 계획적으로 살면 저만의 고유성과 창의성이 죽을 것 같더라구요. 그래서 제 나름대로의 개성과 독특성을 가지고 싶어요. 나만의 고유한 색깔로 나를 표현할 수 있는 게 뭐가 있을까 생각해봤는데, 그래서 한번 미술 공부를 제대로 해볼까 하는 생각을 했어요. 얼마 전 아주 멋진 그림을 보았는데, 저도 그런 식으로 독창적이고 창의적인 나만의 작품을 만들고 싶어졌거든요.

해결사 꼼꼼이는 태평이의 말에 대해 어떻게 생각해요?

꼼꼼이 저는요, 지금 너무 놀랐어요. 태평이에게 이렇게 진지한 모습이 있었다니 너무 놀라워요. 솔직히 저는 태평이가 뭔가 나사 빠진 것처럼 산다고 생각한 적이 많았거든요. 이것저것 잘 챙기지도 못하고, 그래서 제가 돌봐주어야 한다고 생각한 적도 많구요. 그런데 이렇게 진지한 눈빛과 태도를 보면서 깜짝 놀랐어요. 또 태평이가 미술 공부를 하겠다는 이야기를 했을 때는 정말 저는 쉽게 가지기 힘든, 뭐랄까 열정 같은 게 보였어요. 저는 알고 보면 그런 점이 부족하거든요. 주어진 일들을 비교적 열심히 하지만, 그렇다고 아주 몰두해서 하는 일들은 별로 없는 것 같아 스스로 고민이었거든요. 아까 태평이가 그런 이야기를 할 때는 부러운 마음마저도 들었어요.

태평이 그래, 그러니까 나를 형님으로 잘 모셔. 근데 해결사님, 여기에 여학생도 많이 오나요? 해결사님은 성격 다 아실 테니까 성격 좋은 여학생 한 명 소개시켜 주시면 안 되나요?

꼼꼼이는 평상시 보지 못했던 아주 열정적인 태도를 보이는 태평이의 모습에 놀랐고, 또 자기의 이야기를 듣고 우쭐대면서 장난스럽게 엉뚱한 질문을 던지는 태평이를 보면서 과연 어떤 게 진짜 태평이의 모습인지 궁금했습니다. 꼼꼼이와 태평이에게 우선 계획형 성격과 자율형 성격의 차이에 대해 설명해주었고, 실제 사례들을 통해 이해를 도와주었습니다.

꼼꼼이는 고개를 끄덕이면서 메모하는 모습을 보였고, 태평이는 너무 재미있어 하면서 "정말 신기하다. 진짜 재미있다!"를 연발했습니다. 어느 정도 설명을 마친 후, 태평이에게 물었습니다.

해결사 태평이는 자신의 단점을 보완하기 위해 어떤 점들이 필요하고, 어떤 방법을 쓰면 좋을까요?

태평이 저는 아무래도 계획적인 준비성이 좀 부족한 것 같거든요. 그래서 이런 것을 보완할 수 있는 방법이 필요할 것 같아요. 아무래도 조그마한 수첩을 사서 자꾸 기록하는 습관을 들여야겠어요. 일정 같은 것은 그렇게 관리하는 게 좋을 것 같구요. 또 제 나름대로는 계획을 세우지만 자꾸 계획을 바꾸거든요. 이런 문제들은 일단 계획을 세운 이유를 계획표에 함께 적어 놓으면 좋을 것 같구요. 또 한 가지는 꼼꼼이처럼 계획적인 친구와 친하게 지내는 거죠.

자율형인 태평이는 남들이 부과해주는 원칙들을 지키기보다는 스스로 고민해서 만들어낸 원칙들을 더 중요하게 생각하고 지키려고 노력하는 면이 강하다는 점에서, 스스로 행동 원리들을 몇 개 만들어 보라고 했습니다. 또한 계획형인 꼼꼼이는 나름대로 생각한 방법들에 저의 조언을 토대로 좀 더 보완하도록 했습니다.

마지막으로 서로가 친구로서 어떤지에 대해 재평가하도록 했을 때, 꼼꼼이와 태평이는 서로의 단점에 대해 잘 이해하고 있었으며 서로 어떤 도움이나 만족을 줄 수 있는지 비교적 잘 정리된 모습이었습니다.

꼼꼼이 제가 지금까지 너무 태평이를 어린애 다루듯 했던 거 같아요. 너무 겉으로 드러난 모습들만 보고 판단했나봐요. 아까 태평이가 진지하게 자신의 관심사에 대해 이야기했을 때는 정말 부러울 정도로 열정과 번뜩임이 보였거든요. 이제 태평이와 그런 이야기를 좀 더 많이 하고 싶어요.

태평이 이제라도 제가 중요하다는 것을 알았다니 우선 다행이구요(환하면서 장난스러운 웃음). 저는 항상 꼼꼼이가 저한테 얼마나 도움이 되는지 잘 알고 있어요. 꼼꼼이에 대해 항상 고마운 마음 가지고 있구요. 그런데 오늘 절 보면서 꼼꼼이가 나름대로 배운 점이 있다고 하니까 무척 쑥스럽네요. 저도 꼼꼼이에게 의지만 하는 것이 아니라 꼼꼼이의 방식을 배워 좀 더 스스로 알아서 행동하는 모습을 갖추고 싶습니다.

함께 대학생활을 하면서도 서로 잘 알지 못했던 부분들을 상담을 통해 발견한 꼼꼼이와 태평이를 보면서, 두 사람은 오늘 쉽게 얻을 수 없는 보석을 발견한 것이라는 생각을 했습니다. 지금까지는 단지 보이는 것만을 보는 실수를 범했다면, 이제부터는 바로 눈에 보이지는 않지만 그 사람만이 가진 가치를 발견할 수 있을 겁니다.

꼼꼼이(계획형)는	☞ 자신의 틀과 계획에 맞추려고 하지 마세요. 기본적인 행동의 틀이 다릅니다.
태평이(자율형)를	☞ 일정에 여유를 두는 것이 좋습니다.
대할 때	☞ 상대방이 자율적으로 선택하도록 하세요. 스스로의 선택에 대해서는 책임
이렇게 하세요	감이 강한 사람입니다.
	☞ 샛길로 빠지지 않도록 중간중간에 가끔 정리하고 환기시켜주세요.

태평이(자율형)는	☞ 내가 선택해서 상대방의 방식을 존중한다고 생각하세요. 억지로 하는 게
꼼꼼이(계획형)를	아닙니다.
대할 때	☞ 일정에 여유를 두고 시작하세요. 미리 준비하거나 미리 도착하는 것도 해
이렇게 하세요	보면 즐거운 구석이 있습니다.
	☞ 일단 판단과 결정을 내리는 연습을 해보세요. 처음에는 혼자 속으로만 하
	고, 나중에는 행동으로 실천하세요.
	☞ 원래 시작이 어디였는지 궁금해 하세요. 방향을 잃지 않는 데 도움이 됩니다.

다름을 성공으로 만드는 일하는 기술

Chapter 5

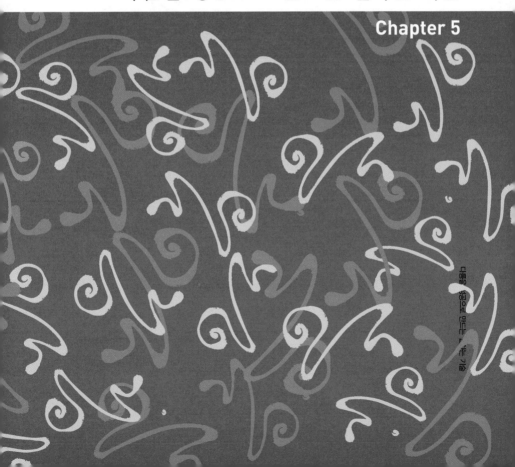

다름을 성공으로 만드는 일하는 기술

이제 우리는 서로의 '다름'을 가지고 함께 일하는 여러 사람들을 보게 될 것이다. 지금 이들은 서로의 '다름'이 나의 '성공'을 방해하고, 서로 간의 갈등을 일으키며 대립을 만들어낸다고 생각한다. 하지만 이들은 서로의 '다름'에 대해 이해하면서 자신의 '성공'을 위해 꼭 필요한 보완적인 동반자로 상대방을 인정하고, 함께 '성공'을 만들어갈 것이다. 4가지 '다름'의 유형에 따라 함께 일함으로써 어떻게 더 높은 '성공'을 만들어가는지, 그 지혜를 배워보자.

일터에서 서로 다른 것은 축복이다

이제 일터에서 만난 동료의 모습이거나 자신의 모습을 가진 8명을 만날 것이다.
이들이 서로의 '다름'을 어떻게 '성공'으로 만들어가는지 살펴보자.

우리는 자신이 이 세상에서 의미 있고 가치 있는 사람이기를 바란다.
이처럼 세상에 기여할 수 있는 하나의 역할을 담당하기 위해 자신의
위치에서 열심히 노력하는 것이며, 이 세상에 기여할 수 없다면 자신
의 존재감을 상실하게 된다.

우리가 말하는 '성공'이란 단지 돈이 많거나 높은 지위에 있다고
해서 이루어지는 것이 아니다. 성공은 현재 자신이 처한 상황과 주어
진 역할에서 나름대로의 의미와 가치를 찾고, 자신만이 가지는 고유
한 역할을 수행하고 있는 상태라고 할 수 있다.

30대 중반의 한 남자가 상담을 하러 왔다. 외모 준수하고 나이보다
젊게 보이는 인상에 옷차림도 상당히 세련된 모습이었으며, 신도시
에 여러 개의 빌딩을 소유하고 있고 본인도 의류 대리점을 하고 있었
다. 또한 좋은 학력에, 결혼해서 아이까지 있는 상태였다. 외적으로

는 우리가 일반적으로 말하는 성공의 조건을 모두 갖춘 사람이었다. 하지만 그가 필자를 찾은 이유는 '무기력' 때문이었다. 그는 몇 년째 하고 싶은 일도 없고, 해서 즐거운 일도 없다는 것이었다.

상담을 하면서 그의 이야기를 들어 보니 지금 그가 가지고 있는 빌딩들은 아버지가 물려준 것이며, 결혼도 아버지가 정해준 사람과 적당히 맞추어 했고, 친구들도 그의 외적인 모습에만 끌려 만난 사람들로 자신의 외로움과 무기력함을 표현하거나 받아줄 사람이 아무도 없다고 했다.

그가 지금 가지고 있는 것들 중 자신이 스스로 만들어내고 이루어낸 것은 아무것도 없었다. 남들이 보기에는 모든 것을 다 가지고 있는 것 같았지만, 자신의 의미와 존재 가치를 잃어버린 채 남들이 꾸며준 자신의 역할 속에서 아무 보람도 가치도 없이 하루하루를 보내고 있었다.

우리는 우리의 일 속에서 자신의 가치와 의미를 찾는다. 열심히 노력해 무언가를 이루었을 때 강한 성취감을 느끼며, 이러한 성취감들이 꾸준히 모이고 축적될 때 자신의 의미와 가치를 느낄 수 있다. 하지만 우리는 절대로 완벽하지 못하기에, 혼자서 이러한 의미와 가치를 만들어내고 '성공'을 경험하기란 매우 어려운 게 사실이다.

이제 일터에서 만난 동료의 모습이거나 자신의 모습을 가진 8명의 사람들이 일하는 방식을 보게 될 것이다. 이들은 나름대로 자신과 타인의 '성공'을 위해 애쓰고 노력하지만, 때로는 자신과 타인의 '다름'으로 인해 일에 방해를 받기도 하고 고통을 경험하기도 한다. 하지만 이들이 서로의 '다름'을 어떻게 잘 이용하는지 들여다보고, '다름'을 새롭게 다룸으로써 어떤 방식으로 '성공'을 만들어가는지 배워보도록 하자.

행동부장과 생각대리의 함께 일하기

자신의 생각에 대해 바로 행동으로 옮기는 행동부장과 반추해보는 생각대리는
서로의 '다름' 덕분에 오히려 찰떡궁합을 이룰 수 있었던 것이다.

전형적인 외향형 성격의 행동부장과 내향형 성격의 생각대리는 같
은 인사팀에서 4년째 함께 일하고 있다. 생각대리가 신입 사원으로
입사했을 때 행동부장은 과장으로 근무했으며, 둘은 찰떡궁합으로
여러 가지 프로젝트들을 완수해 모두 좋은 성과를 보이면서 승승장
구해왔다.

　하지만 1년 전 생각대리가 평사원에서 대리로 승진하고, 부하 직
원이 두 명 더 생기면서부터 뭔가 예전만큼 척척 손발이 맞지 않는다
는 생각이 들었다. 그러던 차에 며칠 전에는 행동부장이 지시한 바를
생각대리가 고민 끝에 못하겠다고 하면서부터 문제가 심각해지기
시작했다.

행동부장의 활동적인 일하기

저는 행동부장입니다. 저는 우리 회사에서 하나의 신화입니다. 제 입사동기들 중에서 가장 열심히 일해왔다고 자부하며, 또한 지금까지 가장 빨리 승진도 하고 인정도 받아왔습니다. 저는 입사 면접 때부터 두드러지게 튀는 지원자였습니다. 면접 당시 저의 화려한 언변과 강한 자신감에 모든 면접위원들의 감탄이 쏟아졌을 뿐만 아니라, 입사 후에도 항상 제일 빨리 출근하고 제일 늦게까지 일하면서 제일 일을 많이 하는 가장 이상적인 직원이었죠.

그래서 회사에서 붙여진 제 별명이 '멈추지 않는 불도저'였습니다. 제가 손대는 일치고 잘 되지 않은 일이 없으며, 회사 내에서 많은 문제들을 해결하는 해결사 노릇도 톡톡히 했지요. 그리고 부하 직원들로부터도 항상 존경과 신뢰를 받아가면서, 그들을 이끄는 리더로서의 역할도 완벽하게 수행했다고 자부심을 느낍니다.

그런데 저에게 요즘 고민이 생겼습니다. 그동안 저와 함께 동고동락을 했던 생각대리가 요즘 이상하거든요. 저는 생각대리를 열심히 챙기며 일도 가르치고 마음을 다해 키웠습니다. 얼마 전에는 대리로 승진도 시켜주고, 더 열심히 일하라고 부하 직원도 두 명이나 붙여주었거든요.

하지만 오히려 생각대리는 그후로부터 사람이 힘도 없고, 활기도 없고, 피곤하다고 일찍 가기도 하면서, 심지어는 제가 맡긴 일을 도저히 못하겠다고 거절까지 하더라구요. 한편으론 괘씸하지만 다른 한편으론 예전에는 그렇게 잘하던 친구가 영 시들시들하니 솔직히 걱정도 되는데, 왜 그런지 알 수가 있어야지요. 아무튼 걱정입니다. 잘 도와주고 싶은데 제가 어떻게 해야 할지 방법 좀 알려주세요.

생각대리의 신중하게 일하기

저는 생각대리입니다. 저에게 지난 3년간 은 인생에서 가장 힘들었지만, 나름대로 가장 보람 있는 시간이기도 했습니다. 회 사에 들어올 때 저는 입사 성적이 별로 좋지 않았습니다. 면접을 볼 때 하도 긴장하고 많이 당황해 좋은 점수를 받지 못했거든요. 그 당시 제가 준비했던 문제들이 나와 나름대로는 며칠 동안 고민하면서 준비했던 답을 잘 말했는데, 갑자기 지금의 행동부장님이 엉뚱한 질 문을 하는 바람에 완전히 면접을 망쳤었지요. 그때 당시를 생각하면, 너무 당황해서 머릿속이 하얗게 되는 느낌이었고, 제가 뭐라고 대답 했는지도 기억이 나지 않습니다. 단지 면접위원들의 황당해하던 얼 굴 표정만 기억납니다.

그래도 운이 좋았는지 합격해서 배치를 받았는데 행동부장님 밑 에서 일하게 되었다는 것을 알게 된 순간, 정말 회사를 그만두어야 하는 것인지 많은 고민을 했습니다. 실은 지금까지도 그때 모습을 행 동부장님이 기억하고 있다는 생각을 하면 갑자기 긴장이 되면서 그만둘까 말까 고민하는데, 그렇게 계속 고민만 하면서 3년 넘게 회사를 다니고 있습니다. 하지만 오히려 저는 그런 제 단점과 과오를 극복하기 위해 더 열심히 일했습니다. 그동안 소심하고 소극적인 성격 때문에 많은 고민을 했는데, 아예 이번 기회에 나를 바꾸어보기로 결심한 후 시키는 일은 무조건 다 해내야 한다는 사명감으로 열심히 기를 쓰고 일했습니다.

그런데 이제는 더 이상 못하겠다는 생각이 자주 듭니다. 지난 3년 동안 저는 주말이나 휴일에 제대로 쉬어본 적도 없구요, 무조건 회사 일에만 매달려 기를 쓰고 버텼거든요. 남들 다 퇴근하는데 나만 남아서 일하면 남들이 저를 무능하다고 여기거나 문제가 있다고 생각할까봐, 몰래 집에 일을 가져가서 밤샌 적도 한두 번이 아니랍니다.

또 학생 때 선배들이 항상 "너는 어쩜 그렇게 놀 줄도 모르냐?"고 했던 말들이 가슴에 맺혀 회식 때면 졸린 것을 참아가면서 끝까지 버티려고 노력했고, 남들 앞에서 당당하기 위해 남몰래 노래방에 가서 최신 가요도 익히고 춤도 연습하면서 얼마나 준비했는지 모릅니다.

지금도 제 수첩에는 인터넷에서 최근에 유행하는 유머들이 한 열 개 정도는 있습니다. 남들 앞에서 좀 유머러스해야 된다는 생각 때문에 어떻게 해야 재치 있는 사람이 될지 연구도 많이 합니다. 하지만 사람들 앞에서 말할 때면 결국 썰렁한 분위기를 만들고, 이에 당황한 제 모습에 사람들이 웃더라구요. 그래서 유머러스해지기로 했던 건 이젠 포기했습니다.

제가 직장생활을 하면서 정말 힘들었던 것은 행동부장님의 스타일을 따라가는 것이었습니다. 하루에도 몇 개씩 동시에 일을 시키는 통에 정신이 하나도 없어서 저녁 때면 그 많은 일들을 놓고 망연자실할 때가 많았답니다. 저는 원래 하나를 해도 많이 생각하고 준비해서 꼼꼼하게 하는 스타일이거든요. 그래서 시간이 많이 걸리는 반면에 완벽하게 한다는 소리를 듣습니다.

그래도 이 악물고 하나씩 해결하다 보니, 나름대로는 재미와 성취감도 있었습니다. 한 1년 정도 지나니까 요령도 좀 생기고 훨씬 나아졌어요. 하지만 때때로 행동부장님이 "요즘 힘들지 않아?"라고 물을 때면 저는 항상 "괜찮습니다!"라고 대답하고는 후회를 합니다. 실은 안 괜찮거든요. 너무 힘들고 지치는데, 그래도 "힘듭니다"라고 대답하면 부장님이 어떻게 생각할지 모르고, 저 스스로도 그런 약한 모습은 용납이 안 되어 생각 끝에 "괜찮습니다!"라고 대답한 것입니다.

그런데 얼마 전 제 부하 직원이 두 명 들어오면서부터 상황이 더 어려워졌습니다. 지금 제 할 일도 많아 죽겠는데, 그 친구들까지 감당하려니 정말 죽겠더라구요. 뭐 그렇게 아는 게 없는지 하나하나 다 설명해주어야 하고, 말하면 딱 알아들었으면 좋겠는데 그것도 아니고, 저 한 몸 추스르기도 힘든데 그 친구들 행동 하나하나까지 다 신경 써야 하다 보니 이제 제 머리는 터질 지경이 되었습니다.

요즘은 몸도 많이 안 좋아져서 너무 피곤합니다. 소화도 안 돼 병원에 갔더니 신경성 위염이라고 하면서 스트레스를 받지 말라고 하는데 어찌할 바를 모르겠습니다. 이러던 중에 부장님이 일을 하나 더 맡으라고 하자, 생각 끝에 용기를 내 거절했습니다. 행동부장님이 어떻게 생각하실지 걱정도 많이 되지만, 한편으로는 자신의 원래 스타일과 맞지 않는데도 불구하고 노력만으로 직장생활을 하는 것에 한계를 느꼈습니다. 이제 좀 쉬고 싶어요. 혼자 여행도 다니고, 음악도 듣고, 그동안 못 읽었던 책도 읽으면서 여유롭게 살고 싶습니다.

행동부장과 생각대리의 함께 일하는 이야기

행동부장과 생각대리는 회사 내의 소문난 콤비였습니다. 입사 때부터 화려한 신화의 주인공이었던 행동부장이 신입 사원 면접 때 아무래도 어딘가 부족해 보이던 생각대리를 자신이 직접 작품을 만들어 보겠다며 데리고 일하기 시작하면서부터 행동부장과 생각대리의 관계는 시작됐습니다.

워낙 활동적이고 적극적이었던 행동부장은 일을 벌이는 것을 좋아했는데, 항상 여러 가지 일들을 벌이고 다니기 때문에 일의 세부적이고 꼼꼼한 사항까지 챙기는 것은 어려웠습니다. 그런데 워낙 꼼꼼하고 신중한 성격의 생각대리와 일하게 된 후부터는 행동부장이 벌여 놓은 일을 생각대리가 완벽하게 세부적인 문제들을 처리하고 해결하는 역할을 함으로써 행동부장의 단점들이 많이 보완되기 시작한 것입니다.

이 때문에 행동부장의 생각대리에 대한 신뢰는 더욱 깊어졌습니다. 때때로 생각대리가 일을 하다 스트레스를 받거나 힘들어 보이면 회식 자리 등을 마련했으며, 그럴 때에는 2차와 3차를 거치며 화끈하고 신나게 놀면서 모든 스트레스를 풀도록 배려하기도 했습니다.

행동부장과 생각대리의 다름 이야기

처음부터 생각대리와 행동부장이 잘 맞았던 것은 아니었습니다. 행동부장이 지시한 일에 대해 확인해보면 아직도 처리 중이라고 할 때는 답답한 마음을 금할 길이 없었습니다. 그래서 처음에는 "생각대리, 그 일 빨리 좀 처리해, 빨리!"라는 말이 입에 붙어 다닐 정도였죠.

이런 문제들은 시간이 지나면서 많이 나아졌고, 속도는 좀 늦어도 완벽한 일 처리를 보면서 흐뭇한 마음을 금할 길 없었습니다. 하지만 행동부장이 또 이상하게 생각하는 것은 회식 때 보이는 생각대리의 모습이었습니다. 열심히 노는 것 같기는 한데 실제로는 별로 즐거워 보이지 않았으며, '꼭 일하는 것처럼 노는' 생각대리의 모습이 가끔 이해가 되지 않았습니다.

이번에 행동부장이 생각대리에게 맡긴 일 역시 회사에서는 매우 중요한 일이며, 이번 일만 잘 성공하면 더욱 인정받을 수 있는 좋은 기회였기 때문에 행동부장은 매우 안타깝게 생각하고 있었습니다. 처음에 말했을 때 당장 못하겠다고 한 것도 아니고, 며칠 동안 뭔가 골똘히 생각에 잠긴 듯이 보이더니 며칠 후 행동부장에게 '건강상의 문제'와 '개인적인 사유' 등으로 새로운 프로젝트에서 제외시켜주 었으면 좋겠다고 이야기한 것입니다.

또 한 가지 문제는 부하 직원들을 다루는 생각대리의 행동에서 나타났습니다. 새로 부하 직원들을 붙여주었으니 좀 적극적으로 데리고 일하면 좋겠는데 같이 회식 한번을 하는 것도 아니고, 오히려 그 이후로 더 날카로와지고 스트레스를 많이 받는 듯 보였습니다. 부하 직원들 역시 생각대리를 편안하게 생각하는 것 같지 않았으며, 부하 직원들이 퇴근한 후에 생각대리가 남아서 부하 직원들에게 맡겼던 일을 직접 하는 모습을 보이기도 했습니다.

이런 문제들로 행동부장과 생각대리는 함께 사내의 다름상담소를 찾아왔습니다. 행동부장이 이미 일주일 전에 면담 신청을 했으나 생각대리가 "좀 생각해보고 결정하겠다"고 해 일주일 뒤인 오늘에서야 방문하게 되었습니다.

행동부장과 생각대리의 성공 만들기

저는 다름주식회사 다름상담소 다름해결소장입니다. 사내의 '살아 있는 신화'인 행동부장이 상담 신청을 해서 한편 놀랐지만, 생각대리와 함께 상담을 신청한다고 하길래 무슨 문제인지 어느 정도 감이 잡혔습니다.

생각대리가 입사할 당시 면접관으로 참가했던 터라 면접 과정에서의 일에 대해 누구보다 더 잘 알고 있었으며, 당시 다른 면접위원들의 공격적인 질문에 당황하면서 머뭇거리는 생각대리를 '편안하게 긴장을 풀어 자신의 능력을 최대한 발휘할 수 있도록 배려' 하려고 노력했던 기억이 납니다.

면접이 끝난 후 면접위원들 간의 토론에서도 "우리는 면접과 같은 긴장되고 쉽게 위축되는 상황에서 말 잘하는 사람을 뽑고자 하는 것이 아니며, 우리 회사 상황에 어느 정도 잘 적응한 후에 가장 높은 성과를 낼 수 있는 사람을 뽑는 것입니다"라고 주장했습니다. 이는 면접에서 갑작스러운 질문에 당황하는 생각대리의 모습 때문에, 생각대리의 신중하고 꼼꼼한 특성들이 제대로 평가받지 못하는 것을 방지해 결국 면접위원들이 객관적인 평가를 할 수 있도록 배려한 말이었습니다.

행동부장 소장님, 우리 생각대리가 얼마나 열심히 일하고 우수한 사원인지 아시죠? 면접 때 소장님이 해주신 말씀만 믿고 "제가 한번 좋은 사람 만들어보겠습니다"라고 결심하고, 데려오지 않았습니까? 그래서 저는 정말 성공했다고 생각했거든요. 그동안 기대에 부응해서 열심히 일하는 모습이 참 보기 좋았고, 저는 생각대리가 저와 같은 제2의 신화를 만들 수 있다고 생각했는데 아쉬움이 큽니다.

생각대리 소장님, 여기 행동부장님도 계신데 이런 말씀 드리기 어렵지만, 저 그동안 너무 많이 힘들었습니다. 소장님도 아시겠지만 제가 무척 꼼꼼하고 신중한 성격이어서 한 가지 일이라도 그냥 쉽게 못 넘어가거든요. 그동안 저는 거의 매일 밤새워 일했고 행동부장님이 시키시는 대로 완벽하게 해보려고 노력했는데 너무 힘들었어요. 그런데 제가 이렇게 다 말해도 저나 행동부장님께 어떤 피해가 가거나 그러지는 않겠지요? 그래도 회사 내에서 이런 이야기를 해도 되나 좀 후회가 되네요. 일단 너무 죄송합니다. 기대에 부응하지 못해서….

행동부장은 생각대리가 그동안 힘들어 했다는 이야기를 들으면서 상당히 놀랐습니다. 물론 회사라는 곳이 스트레스가 없을 수는 없다고 생각하지만, 생각대리가 말하는 것은 단순히 그런 문제가 아니었습니다.

'열심히 했는데 남들이 충분히 인정해주지 않을 때', '자신의 책임 아래 열심히 하기보다는 시키는 대로만 일할 때', '자신이 상황을 주도해서 적극적으로 임하지 못할 때' 등과 같이 행동부장이 스트레스를 받는 상황과는 달리, 생각대리는 '나만의 시간이 없다', '여유 있게 생각하면서 일하기 어렵다', '주말에는 조용히 쉴 수 있는 여유를 갖고 싶다' 등과 같은 행동부장 자신과는 전혀 다른 문제로 스트레스를 받았다는 사실에 놀라움을 감출 수 없었습니다. 그동안 자신과 궁합이 잘 맞았기 때문에 당연히 같은 스타일이라고만 생각했던 것들이 여지없이 무너져 버렸습니다.

저는 행동부장과 생각대리에게 전형적인 외향형 성격의 사람들이 일하는 스타일과 내향형 성격의 사람들이 일하는 스타일에 대해 설명해주었습니다.

외향형 스타일의 사람들은 매우 적극적이고 활동적이며, 빠른 일처리와 주변의 상황을 자신이 스스로 개척하고 만들어가는 것을 선호하는 반면에, 내향형 스타일의 사람들은 한 가지 일에 대해 충분히 생각하고 행동하는 것을 선호하기 때문에 행동은 느리지만 완벽한 일 처리에 강하며, 주변의 환경을 자신이 적극적으로 만들기보다는 주어진 환경에 자신을 맞추어가는 경향을 갖고 있다고 설명해주었습니다.

또한 행동부장과 같은 외향형 성격들은 적극적인 칭찬과 지지를 제공해줄 때 더욱 신이 나는 반면에, 생각대리와 같은 내향형 성격들은 자신의 문제점이 무엇인지 발견하고 이를 개선하기 위한 노력으로 수행을 높여 나가며, 이런 방식 때문에 생각대리와 같이 내향형 성격을 가진 사람들이 내적 스트레스가 훨씬 더 강하고 자기비판적인 태도를 많이 가진다는 것도 말해주었습니다.

생각대리 소장님의 말씀을 듣고 보니, 그동안 제가 고민하던 것들이 좀 더 분명해지는 것 같네요. 저는 지금까지 주로 자신에 대해 엄격하게 평가하고 반성하면서 살아왔습니다. 아직도 부족한 점이 많고, 노력해야 할 점이 많으며, 좀 더 채찍질을 해야 한다고 생각해왔죠.

그래서 가끔 행동부장님께서 저의 문제점을 지적해주실 때면 속상하기는 하지만, 며칠 동안 곰곰이 생각하고 나면 '그래, 나는 그런 문제가 있지. 이 문제를 꼭 극복해보자!' 라고 결심하면서 문제점을 지적해주신 행동부장님께 감사할 때가 많았어요. 오히려 저를 칭찬해주실 때면 기분은 좋지만 그래도 속으로 '그래, 이렇게 칭찬받았다고 자만하면 안돼! 나는 좀 더 노력해야 해!' 라고 다짐하면서 긴장을 풀지 않기 위해 노력한답니다.

행동부장 그동안 제가 알게 모르게 생각대리를 너무 많이 힘들게 했다는 것에 대해 정말 죄책감이 듭니다. 그동안 자신과 맞지 않음에도 불구하고 저의 일하는 스타일을 따라오느라 생각대리가 얼마나 힘들었을지 생각하면 마음이 아픕니다.

어떤 때에는 생각대리가 너무 느리다고 생각했고, 자신의 의견을 잘 말하지 않아서 답답한 적이 많았거든요. 그럴 경우 조금 기다리다가 결국 주로 제가 원하는 방식으로 일을 진행했던 것 같아요. 그런데 가만히 이야기를 듣다가 생각대리와 같은 사람이 저에게 얼마나 필요한 사람인지 오히려 절실하게 느꼈답니다. 저의 부족한 점을 생각대리가 그렇게 많이 채워주고 있는지 몰랐어요. 솔직히 제가 일은 많이 벌여도 꼼꼼한 마무리는 잘 못하거든요.

저는 당장 이 순간부터 생각대리의 입장에서 생각하고 생각대리의 특성을 고려해가면서 일하도록 하겠습니다. 소장님, 제가 할 수 있는 좋은 방법이 뭐가 있을까요? 몇 가지만 알려주세요. 바로 이 순간부터 실천하겠습니다!

똑같은 이야기를 듣고도 자신의 행동에 대해 반추하고 생각에 잠기는 생각대리의 스타일과 바로 행동으로 실천하기 위해 결심하는 행동부장의 태도를 보면서 이렇게 다른 사람들이 어떻게 찰떡궁합을 이루었을까 생각하며 웃음 짓게 됩니다.

아마 지금까지 일도 이런 식으로 해왔겠지요? 행동부장이 바로 행동할 수 있고 적용할 수 있는 해결책들을 기대하고 생각대리에게 말하면 생각대리는 꼼꼼히, 하지만 행동부장에 맞추기 위해 얼마나 많은 긴장과 스트레스를 경험하고 혼자 밤샘을 했을지 상상이 됩니다.

그래도 본인들이 의식했든 안 했든 간에 이러한 다름이 서로를 얼마나 채워주고 있었는지 발견한 것은 큰 수확이라는 생각이 듭니다.

이후로 행동부장과 생각대리에게는 많은 변화가 있었습니다. 우선 행동부장은 생각대리에게 일을 시킬 때 일단 제안을 한 후 생각해 보고 나중에 결론을 내자는 식으로 제시했고, 생각대리는 자신의 생각을 충분히 반영해 수정 제안을 낸 후 결론을 내리는 방식으로 일을 진행합니다. 물론 행동부장 성격에 기다리는 시간이 다소 답답하기는 하지만 생각대리의 스타일과 생각대리가 주는 장점을 생각하면 충분히 참을 수 있답니다. 왜냐하면 행동부장은 그동안 또 다른 새로운 일을 벌이거든요.

생각대리도 많이 변했습니다. 처음 상담 이후에 생각대리는 추가 상담을 통해 저와 함께 몇 가지 자기 변화를 만들어갔습니다. 첫 번째는 너무 많은 생각을 하기보다는 좀 더 초점화되고 집중화된 생각을 통해 불필요한 생각들을 줄이는 등 좀 더 효율적으로 생각하는 연습을 했고, 두 번째는 '이렇게 말해도 되나? 혹시 잘못되거나 틀린 이야기면 어떻게 하지?' 등과 같이 자기 주장을 가로막았던 부정적인 생각들을 감소시켜 자신의 생각이나 감정을 좀 더 적극적으로 표현하도록 연습했으며, 마지막으로 자신과 관련된 너무 엄격한 평가와 판단보다는 장점을 장점으로 받아들이면서 좀 더 자신감 있고 당당한 모습을 찾게 되었습니다. 요즘 생각대리는 표정도 밝아졌고, 말도 많이 늘었으며, 농담도 얼마나 잘하는지 모른답니다.

행동부장(외향형)은 생각대리(내향형)와 함께 일할 때 이렇게 하세요	☞ 상대방이 가진 특성(꼼꼼함, 신중함 등)이 내게는 중요한 보완점이라는 것을 항상 기억하세요. ☞ 속도가 느리다고 다그치지 마세요. 다그치면 더 느려집니다. ☞ 한꺼번에 여러 가지 업무 지시를 주지 마세요. 표현은 안 해도 부담스러워합니다. ☞ 중요한 일이나 논의 사항은 글이나 메일을 통해 미리 전해주세요. 생각할 수 있는 여유를 주는 것입니다. ☞ 진취적이거나 활기차기를 강요하지 마세요. 상대방의 장점이 사라질 수 있습니다.
생각대리(내향형)는 행동부장(외향형)과 함께 일할 때 이렇게 하세요	☞ 미리 연습하세요. 화려한 언변, 유창한 말투, 적절한 유머! ☞ "생각할 시간 여유를 주세요"라고 당당하게 말하세요. ☞ 생각이 길어지거나 속도가 느려지면 중간 보고나 코멘트를 전달하세요. 상대방이 더 잘 기다릴 수 있습니다. ☞ 상대방은 나처럼 많은 가능성을 생각하지 않을 수도 있다는 것을 명심하세요. ☞ 표정 관리하세요. 때때로 무표정은 상대방을 불편하게 할 수 있습니다.

실적군과 비전군의 영업하기

서로 다른 실적군과 비전군의 조화는 팀의 유대감과 실제적인
영업 기술을 향상시켰고, 이와 관련된 모든 이들을 만족시켰다.

전형적인 실제형 성격의 실적군과 직관형 성격의 비전군은 다름백
화점의 가전 매장 담당 세일즈맨이다. 실제 경력은 비전군이 조금 앞
섰지만 판매 실적에서는 실적군이 조금 앞서왔다.

두 사람은 같은 매장에서 같은 물건을 가지고 영업했지만, 때때로
이상한 현상을 발견할 수 있었다.

어떤 고객들은 비전군과 잘 맞았고 또 어떤 고객들은 실적군과 잘
맞았다. 비전군이 설명할 때는 다소 시큰둥한 표정을 짓던 고객들이
실적군이 설명을 도와주면 금방 이해하고 구입하기로 결심하는 반
면에, 또 다른 부류의 고객들은 실적군이 아무리 열심히 설명해도 알
아듣지 못하다가 비전군의 설명에 대해서는 쉽게 이해하고 구입을
결정하는 것이었다.

실적군의 세일즈 이야기

저는 다름백화점 가전 매장의 최고 판매왕 실적군입니다. 저는 제품에 대한 상세한 정보와 지식, 그리고 고객에게 이를 정확하게 이해시킴으로써 저희 제품을 구입하도록 하는 데 탁월한 능력을 가지고 있습니다. 저는 새로운 제품이 나오면 카탈로그나 매뉴얼을 거의 숙지할 뿐만 아니라 경쟁사 제품에 대해서도 구체적이고 풍부한 정보를 공부합니다. 그래야 고객들에게 정확한 정보를 제공해 올바른 선택을 할 수 있도록 도와주지요. 이것이 제 영업전략의 핵심입니다.

비전군의 세일즈 이야기

저는 다름백화점 가전 매장의 최고 전문가 비전군입니다. 저는 제품에 대한 정보도 중요하지만, 제품과 관련된 업계 동향이나 전반적인 제품 경향성 분석 등도 매우 중요하다고 생각합니다. 단순히 제품에 대한 지식만으로는 고객이 올바른 선택을 하도록 조언하기 어렵습니다. 그래서 최근 전자업계 동향이나 홈오토메이션 시스템 등에 대한 정보들도 많이 공부합니다. 이런 정보들을 함께 제공할 때 고객들은 가장 합리적인 선택을 할 수 있다고 생각합니다. 단지 제품에만 국한되지 않는 그 이상의 전문가가 되는 것, 이것이 바로 저의 핵심 영업전략입니다.

실적군과 비전군의 다름 이야기

실적군과 비전군은 세일즈전략상의 차이에도 불구하고 나름대로 좋은 실적을 내는 우수한 영업 사원들입니다. 둘은 자신의 세일즈 철학과 신념에 대해 자부심을 가지고 있었으며, 이를 바탕으로 자신의 위치에서 최선을 다하고 있었습니다.

두 사람 모두 어려서부터 워낙 전자 제품에 관심이 많았는데, 실적군은 주로 전자 제품을 직접 분해해보고 다시 맞추는 것에 관심이 많았던 반면에, 비전군은 미래 가전이나 새로 출시되는 전자 제품에 관심이 많았습니다.

또한 이들이 고객의 특성을 파악하는 방법에서도 '다름'이 나타났습니다. 실적군은 고객이 오면 그 사람의 옷차림, 구두, 얼굴 인상 등 세부적인 특징들을 정확하게 지각하는 능력이 우수했으며, 이를 종합해 저 고객에게 적당한 수준은 어떤 것이고 어떤 식으로 접근하는 것이 좋겠다는 결론을 내리는 반면, 비전군은 고객을 보면 직관적으로 저 고객은 이러할 것이라고 추측하는 편이었습니다. 그런데 신기하게도 두 사람 모두 고객의 성향이나 특성을 파악하는 능력이 우수한 편이었습니다.

고객과의 대화에서도 실적군은 보통 제품에 대한 자세한 정보와 더불어 경쟁사 제품과의 구체적인 비교까지 정확하고 세부적인 정보들을 활용해 접근하는 편이지만, 비전군은 제품 자체에 대한 설명은 적당히 하고 고객과 전자업계 동향이나 몇 세대 가전 등과 같은 당장 눈앞에 있는 제품과 직접적인 관련이 없는 이야기를 나누는 때도 많았습니다.

실적군과 비전군의 성공 만들기

저는 다름백화점 가전 매장의 매장 책임자입니다. 오늘은 실적군과 비전군을 대상으로 판매전략 강화 회의를 하는 날입니다. 그동안 실적군과 비전군을 보아오면서 두 사람 모두 좋은 성과를 내고 있는 것은 사실이지만, 둘의 영업 스타일이 매우 다르다는 점을 발견할 수 있었습니다. 이 때문에 오늘은 두 사람 나름대로의 영업전략과 장단점을 파악하고, 그에 따른 적절한 해결책을 모색하기 위한 시간을 갖기로 했습니다. 실적군과 비전군에게 영업 사원을 하게 된 동기부터 질문하며 모임을 시작했습니다.

실적군 저는 영업이 참 매력적이라고 생각해요. 자신이 노력한 만큼 보상 받는다는 것이 참 좋습니다. 특히 하루 판매량을 종합해 정리할 때면, 오늘 내가 얼마나 노력하고 열심히 생활했나를 확인하는 기분이어서 매우 즐겁습니다. 물론 매일 좋은 날만 있는 것은 아니지만 그래도 일별, 주별, 월별 정리 등을 하면서 내가 노력한 결과를 보면, 참 흐뭇했던 적이 한두 번이 아닙니다. 바로 이런 것이 영업을 하는 원천과 동기라고 생각합니다.

비전군 저는 영업이 참 가치 있는 일이라고 생각해요. 우리가 판매하는 제품은 알고 보면 수많은 사람들의 연구와 노력이 깃들여진 작품으로, 기본적인 과학 연구 자료들을 바탕으로 실생활에 응용할 수 있는 제품을 만들어내고, 이것을 고객들이 사용함으로써 그 의미를 발휘하는 것이거든요. 물론 다른 연구나 개발과 관련된 부분들이나 제조와 관련된 부분들도 중요하지만, 결국 아무리 좋은 제품을 만들어도 잘 팔아서 고객들이 사용할 수 있도록 하는 것이 가장 의미 있는 일이라고 생각합니다. 그런 면에서 저는 영업이 무척 보람 있는 직업이라고 생각합니다.

비슷한 수준의 성과를 내고 있는 우수 직원으로 후배 사원들에게도 하나의 모범이 되는 영업 사원들이었던 실적군과 비전군은 유사해 보이는 외적 조건들과는 달리 영업에 대한 기본적인 태도와 동기 면에서 상당한 차이를 보이고 있었습니다.

실적군과 비전군은 상대방의 이야기를 듣고는 상당히 신기해 하고 재미있어 했습니다. 이어서 나름대로의 영업전략을 소개해보도록 했는데 철저한 자료와 제품에 대한 정확한 지식을 기반으로 한 실적군의 영업전략과, 제품 자체보다도 제품과 관련된 다양하고 전문적인 지식을 가지고 접근하는 비전군의 영업전략은 차이를 보였습니다. 이렇듯 이야기가 깊어질수록 서로 상당한 차이점이 있다는 것을 발견했으며, 이러한 현상을 어떻게 설명해야 할지 궁금해 했습니다.

우선 두 사람에게 세부적이고 정확한 정보를 중시하며 자신의 행동에 대해 충분하고 즉각적인 평가와 보상을 기대하는 실제형 성격과, 자신이 수행하는 역할이 어느 정도의 의미와 가치를 지니는지를 더 중시하는 직관형 성격의 특징과 장단점에 대해 자세히 설명해주었습니다.

이런 차이로 인해 실제형 성격은 제품 자체에 대한 구체적인 정보 중심의 세일즈전략을 선호하는 반면에, 직관형 성격은 제품뿐만 아니라 제품이 가지는 나름대로의 의미와 가치를 중심으로 접근한다는 점을 설명해주었습니다.

또한 세일즈라는 직업 자체에 대한 의미도 실제형은 즉각적인 성과에 대한 평가가 가능하고 그에 따른 보상 체계가 비교적 확실하다는 것에 끌리는 반면에, 직관형은 세일즈가 제품의 개발, 생산, 판매 등 일련의 과정에서 가지는 의미에 가치를 느끼는 경우가 많다는 점도 정리해주었습니다.

실적군과 비전군은 우선 성격 유형에 따라 그렇게 다른 특성을 가진다는 사실에 신기해 했으며, 그동안 한 직장에서 그렇게 오랫동안 근무해왔음에도 불구하고 서로의 '다름'에 대해서는 상대적으로 무관심했다는 것에 놀라움을 금치 못했습니다. 또한 서로의 '다름'을 가만히 살펴보면서 그동안 자신과 맞지 않는 고객들과의 관계에서 어떤 점들이 잘못되었는지 이해할 수 있었습니다.

실적군 전 오늘 무척 도움이 되는 시간이었습니다. 오늘 배운 원리들을 내일 부터 바로 현장에 적용할 수 있을 것 같습니다. 특히 비전군이 가끔 고객들과 전자업계에 대해 토론하는 모습을 보았을 때 한편으로는 '저런 게 왜 필요할까' 라고 생각했는데, 고객의 입장에서 생각해보니 금방 결론이 나네요. 이제부터 우리가 아예 한 팀으로 활동할까 싶은데요!

비전군 저도 오늘 무척 도움이 되는 시간이었습니다. 제가 일하고 있는 현재 역할이 나름대로 저의 성격이나 특성과 일치한다는 점에서 자신의 가치를 높이는 계기가 되었구요, 같이 일하는 실적군과도 새로운 유대감을 형성할 수 있어서 그 또한 의미 있었습니다. 저도 한 팀으로 일하는 거 찬성입니다!

이후로는 매장에서 실적군과 비전군이 자주 대화하고 토론하는 모습을 볼 수 있었습니다. 그리고 고객과의 관계에서 뭔가 잘 안 풀린다 싶으면 새롭게 정해진 파트너에게 얼른 도움을 요청하는 장면도 자주 보였구요. 결과적으로 팀의 유대감도 높아지고 실제적인 영업 기술도 향상되고 나니, 매장 책임자로서 저도 많은 보람을 느낍니다.

실적군(실제형)은 비전군(직관형)과 함께 일할 때 이렇게 하세요	☞ 일의 의미와 가치에 대해서도 설명하세요. 그래야 더 신나게 일합니다. ☞ 현실 가능성만으로 창의성을 죽이지 마세요. 나중에 꼭 필요한 때가 옵니다. ☞ 경험해보지 않거나 확실한 근거가 없어도 잘 될 가능성은 많습니다. ☞ 세부 사항을 확인하세요. 중요하지 않게 생각할 가능성이 있어요.
비전군(직관형)은 실적군(실제형)과 함께 일할 때 이렇게 하세요	☞ 구체적으로 이야기해주세요. 일의 의미와 가치도 중요하지만 구체적이고 세부적인 내용도 필요합니다. ☞ 비전을 현실화하기 위한 단기 목표와 성과도 필요하다는 것을 명심하세요. ☞ 수치, 도표, 통계 등과 같은 구체적인 데이터를 적극 활용하세요. ☞ 현실 가능성을 고려해 결정하세요. 실제보다 과대 추정하고 있을 가능성 이 있습니다.

다름을 성과으로 만드는 일하는 기술

분석부장과 다정부장의 부하 직원 다루기

'다름'은 의사소통을 막고 함께 일하는 것을 방해하는 요인이 아닌,
업무와 인간적인 배려라는 두 가지 측면에 관심을 공급하는 좋은 연료이다.

분석부장과 다정부장은 입사동기로 지금의 자리에 이르기까지 서로
가장 절친한 친구로서 선의의 경쟁을 하면서 15년의 직장생활을 같
이 해왔다. 분석부장은 기획 업무를 중심으로 일해왔으며, 다정부장
은 인사 업무를 중심으로 일해왔다.

사내에서 분석부장과 다정부장은 유명한 라이벌로 소문이 나 있
었으며 승진도 비슷한 시기에 할 만큼 막상막하였던 반면에, 서로의
스타일은 정반대로 직원들이 사석에서 "나는 분석부장의 스타일이
좋아", "나는 다정부장의 스타일이 좋아"라는 식으로 이야기할 정도
로 매우 다른 리더십 스타일을 보였다.

분석부장의 부하 직원 다루기

저는 분석부장입니다. 항상 합리성과 객관성을 바탕으로 일을 합니다. 저는 어렸을 때에도 수학이나 과학과 같이 뭔가 딱 떨어지고 논리적이며 객관적으로 분석하는 과목들을 좋아했습니다. 그리고 본사에서도 객관성과 논리성을 바탕으로 한 기획 업무로 인정을 받았지요. 때로는 사람들이 너무 냉정하다고 불평할 때도 있지만, 기획 업무란 게 날카로운 분석과 논리적 사고로 하는 것이지 인정으로 하는 게 아니지 않습니까? 또한 리더십도 마찬가지라고 생각합니다. 객관성과 합리성에 기초한 리더십이 진정으로 부하 직원을 성장시키는 결과를 가져올 수 있다고 생각합니다. 그래서 제 별명이 '칼날'인데, 저는 이 별명을 자랑스럽게 생각합니다.

다정부장의 부하 직원 다루기

저는 다정부장입니다. 항상 인화와 개인의 가치를 중요하게 생각합니다. 어려서부터도 사람들에 대해 관심이 많았으며 저 사람이 무엇을 느끼고, 무엇을 생각하고 있는지 공감하고 이해하려고 노력했습니다. 회사에 들어와서도 일 자체도 중요하지만 결국에는 사람의 문제라는 생각을 많이 했고, 한 사람 한 사람을 중요하게 여

175

기며 그들이 일을 잘할 수 있도록 도와주고 지원해주는 것이 중요하다고 생각했습니다. 아무리 좋은 성과를 내더라도 팀워크와 조화를 이루지 못하는 팀은 결국 오래가지 못한다는 신념을 가지고 있습니다. 그래서 제 별명이 '사랑방'입니다. 다들 저를 찾아와 이 이야기 저 이야기 하고, 놀러 가거나 쉬러 가듯이 저한테로 오거든요.

분석부장과 다정부장의 부하 직원 다루는 이야기

분석부장과 다정부장은 모두 부하 직원들의 존경을 받는 리더들입니다. 직원들은 분석부장이나 다정부장 밑에서 함께 일하는 것을 원했으며, 나름대로의 고충과 어려움은 달라도 각각 독특성을 가지고 있는 것을 모두들 인정하는 터였습니다.

예전에 둘 다 대리였던 시절, 두 사람은 부하 직원을 대하는 원칙이 서로 달라 때때로 부딪친 적도 있었습니다. 분석부장이 직원들을 너무 냉정하게 혼내면 다정부장이 따로 그 직원을 불러 위로해주기도 했고, 어떤 때에는 다정부장이 직원들 때문에 괴로워하는 일이 생기면 분석부장이 다정부장의 문제점에 대해 지적해주고 문제를 해결하는 데 도움을 주기도 했습니다.

또한 얼마 전에는 사내의 상벌위원회에서 한 직원을 놓고 두 사람 간의 평가가 다르고, 서로 다른 주장을 하는 바람에 어색한 사이가 되기도 했었습니다. 그 이유는 분석부장은 원리와 원칙에 입각한 엄한 처벌을 주장한 반면에, 다정부장은 그 직원이 본의가 아니었다는 점과 이미 그 문제를 해결하기 위해 매우 노력하고 있다는 점에서 가벼운 처벌을 주장하며 대립했기 때문입니다.

분석부장과 다정부장의 다름 이야기

분석부장은 처음 부서를 맡은 날부터 각 직원들의 인적 사항과 지금까지의 실적 등을 종합한 자료들을 수집했습니다. 이런 자료들을 기초로 각 직원들의 예상되는 장단점과 문제점을 분석했으며, 이를 기초로 면담을 실시했습니다.

특히 분석부장의 주요 관심사는 업무상 취약점과 수행 평가상의 문제점들을 분석해 이를 개선하고 해결하기 위한 목표를 설정하는 것이었습니다. 기획부의 직원들은 새로 온 분석부장과의 면담을 '저승사자 만나러 가는 길'이라고 하면서 긴장하는 모습들이 역력했습니다.

개별적인 면담이 끝난 후 전체 회식을 통해 자신의 목표와 성과를 잘 관리하자는 결의를 다지는 시간을 마련했습니다. 결과적으로 분석부장과의 면담이 끝나면 자신에게도 도움이 되기 때문에 긍정적으로 평가했지만, 한편으로는 분석부장의 호출이 있으면 온몸에 긴장이 되는 것은 어쩔 수 없는 현상이었습니다. 이후에도 2주에 한 번씩 성과 미팅을 하면서 그동안의 목표나 계획을 어느 정도 실천했는지 점검했습니다.

이에 반해 다정부장은 처음 부서를 맡게 된 날, 모든 부서원이 참

여하는 회식을 실시했습니다. 그 자리에서부터 인간적으로 친밀하게 지내고자 노력했으며, 좀 더 자연스러운 자리에서 직원들과 많은 이야기를 나누면서 그들의 고충이나 관심사를 파악하려고 했습니다.

이후 실시된 직원들과의 개별 면담에서도 다정부장은 직원들과 편안한 분위기에서 대화했고, 단지 업무와 관계된 것뿐만 아니라 사적인 이야기를 묻기도 하면서 직원들과 친해지고자 하는 노력들을 많이 했습니다. 그 이후에도 직원들은 사적이든 공적이든 간에 언제든지 다정부장과 면담할 수 있었으며, 다정부장의 저녁 스케줄은 예전에 같이 근무했던 사람들의 모임이나 약속 때문에 한가한 날이 거의 없었습니다.

특히 두 사람은 개인적인 문제에 대한 태도에서 많은 차이를 보였습니다. 분석부장은 업무 이외의 다른 일들은 개인적인 문제라 판단해, 간섭하려고 하지도 않았을 뿐만 아니라 직원들이 자신에게 그와 관련된 이야기를 하는 것조차 반가워하지 않았던 반면에, 다정부장은 개인적인 문제일지라도 언제든지 이야기하도록 했으며, 자신이 기꺼이 도와주고자 했습니다. 이러한 차이로 다정부장에게는 직원들이 꼭 '형'을 따르듯이 모였던 반면에, 분석부장과는 업무와 관련된 사항 외에는 별로 관계 맺는 일이 없었습니다.

직원들의 반응도 각각이었는데, 분석부장과 이야기하는 직원들은 명쾌하고 도움이 되었다고 느끼는 반면에, 다정부장과 이야기하는 직원들은 위로받고 지지받았다는 느낌을 받는 일들이 많았습니다.

올해 초 분석부장과 다정부장은 사내에서 실시하는 간부 직원들에 대한 360도 다면 평가를 받게 되었습니다. 자신을 비롯해 자신의 상사, 동료, 그리고 부하 직원들로부터 스스로에 대해 평가를 받아보도록 하는 과정이었는데, 분석부장과 다정부장도 이 360도 다면 평가를 받게 된 것입니다.

그런데 이 과정에서 분석부장은 '대인 기술이 부족하다', '직원들을 격려하고 동기화하는 능력이 부족하다' 는 피드백을 받았으며, 다정부장은 '업무 관리 능력이 부족하다', '평가의 공정성이 떨어진다' 는 피드백을 받았습니다. 그동안 나름대로 우수한 리더라고 생각하면서 자부심이 컸던 두 사람은 결과를 보고 상당히 충격을 받았으며, 이번 평가 결과에 대해 고민하던 중 360도 다면 평가를 실시했던 다름컨설팅사의 다름컨설턴트로부터 자신들의 리더십과 관련된 상담을 받기로 결심했습니다.

분석부장과 다정부장의 성공 만들기

저는 다름컨설팅사의 다름컨설턴트입니다. 저는 주로 360도 다면 평가를 받은 분들의 결과를 심층적으로 해석해주고, 그 결과를 좀 더 잘 이해할 수 있도록 도와주는 역할을 합니다.

오늘은 다름주식회사의 분석부장과 다정부장이 함께 방문하기로 했습니다. 분석부장과 다정부장은 사내에서도 워낙 유명한 분들이고, 다른 리더십 스타일을 보인다는 것 때문에 저도 주의 깊게 보던 차였기에 같이 오셔도 된다고 했습니다.

분석부장과 다정부장의 표정은 그리 밝지 않았습니다. 두 사람 모두 어느 정도 충격을 받은 것처럼 보였고, 자신에게 어떤 문제가 있는지 상당히 고민하는 모습이었습니다. 분석부장과 다정부장에게 이번 결과를 어떻게 생각하는지 물어보았습니다.

> **분석부장** 저는 이번 결과가 잘 이해되지 않습니다. 제가 좀 냉정한 구석은 있어도 심각한 편은 아니라고 생각했거든요. 도대체 저에게 어떤 문제가 있다는 거지요? 제가 얼마나 열심히 일하고 좋은 평가를 받아왔는지 아시지 않습니까? 그리고 제가 부하 직원들을 종종 힘들게 한다는 것은 알지만 다 잘 되라고 하는 것이지 저 혼자 잘 살자고 그런 것이 아닙니다.

> **다정부장** 저는 솔직히 직원들에게 좀 서운합니다. 제 나름대로 직원들에게 다정하게 다가서려고 노력했는데, 부족한 점이 많은가 봅니다. 사람들이 제게 "회식이나 인간관계가 모든 것을 해결해주는 것은 아니다"라고 말하면서 좀 더 냉정하고 과제 중심적으로 부하 직원들을 다루라고 할 때에도, 저는 개개인의 가치를 존중하는 것이 제일 중요하다는 신념을 굽히지 않았습니다. 정말 모두가 행복하게 일하는 회사를 바랐거든요.

분석부장과 다정부장은 모두 자신들이 노력한 부분에 대해 적절한 인정을 받지 못한다고 생각했으며, 나름대로 반성하고자 하는 태도도 있었지만 한편으로는 현재의 상황을 제대로 인식하지 못하고 있었습니다.

우선 두 사람의 장점으로 평가된 부분들과 단점으로 평가된 부분들을 비교해보도록 하자, 분석부장과 다정부장은 서로의 결과를 보면서 다소 놀라는 눈치였습니다. 왜냐하면 분석부장의 장점으로 평가된 '업무 관리 능력'이나 '평가의 공정성' 부분이 다정부장의 단점으로 나타났으며, 반면에 다정부장의 장점으로 평가된 '대인관계 기술'이나 '동기화 및 격려' 등의 영역은 분석부장의 단점으로 나타났기 때문입니다.

분석부장과 다정부장은 서로의 장단점이 상반되는 것을 보면서 생각에 잠겼고, 무언가를 깨닫는 듯이 보였습니다. 분석부장과 다정부장에게 리더십에서 가장 중요한 원칙과 기술은 무엇이라고 생각하는지 질문했습니다.

분석부장 저는 리더십에서 가장 중요한 것은 업무에 관한 전문적 지식과 이를 바탕으로 한 관리라고 생각합니다. 그래서 항상 직원들의 일과 관련된 사항들을 데이터베이스화 해서 관리하고 피드백 하려고 노력합니다. 또 직원들과 업무에 대해 서로의 의견을 분석하고 비판해주는 토론도 많이 하려고 합니다. 이때 가장 중요한 기술은 적절한 지시와 위임의 균형이라고 생각합니다. 적절한 지시를 통해 직원들의 능력이 향상되도록 도와주면서, 능력이 겸비되면 언제든지 업무를 위임할 수 있지요.

다정부장 저는 리더십에서 가장 중요한 것은 신뢰와 대화라고 생각합니다.

상사는 부하 직원을 믿어주고, 열심히 일할 수 있도록 옆에서 지원해주고 도와주어야 하며, 이를 위해 항상 대화 채널을 열어 놓고 업무와 관련된 문제든 아니면 개인적인 문제든 상의할 수 있도록 해주어야 한다고 생각합니다. 그럴 때 진정한 팀워크라는 것이 이루어지고 서로 발전하는 거 아닙니까? 그래서 직원들의 힘든 점을 이해하고 공감하기 위해 직원들의 말을 잘 듣고, 지지해주고 격려해주고 북돋워주는 기술들이 필요하다고 생각합니다.

가만히 분석부장과 다정부장의 이야기를 듣고 나니, 알고 보면 내용과 목표는 비슷하지만 각자 중요하게 생각하는 초점이 조금씩 다르고, 이를 표현하는 방식도 다르다는 생각이 들었습니다.

분석부장은 좀 더 업무와 관련된 부분들에 초점을 맞추고 있으며, 업무와 관련된 지원이나 믿고 맡기는 방법을 통해 직원들이 스스로 커 나갈 수 있도록 해주는 방식을 선호하고 있었습니다. 반면에 다정부장은 업무보다는 그 직원 자체에 좀 더 초점을 맞추어 행복하게 일하는 데 주안을 두고 있으며, 이 때문에 인간적인 배려나 관심, 신뢰를 제공함으로써 직원 스스로 열심히 일하도록 하는 스타일이었습니다.

이런 관찰 의견을 말씀 드리면서 사고형 성격과 감정형 성격의 기본적인 차이와 더불어, 과제와 성과를 중요하게 여기는 사고형 상사의 스타일과 개인적인 가치와 지원을 더 중요하게 여기는 감정형 상사의 스타일을 설명해 드렸습니다.

이 때문에 사고형 상사는 종종 부하 직원의 입장에서 문제를 공감하고 이해하는 대인관계 기술이나 의사소통 기술과 같은 휴먼 스킬이 부족하며, 상대적으로 감정형 상사의 경우 부하 직원들의 입장에서는 업무 자체에 대한 정확도나 전문성 등과 같은 업무 관련 지식이 부족하다고 느낄 수 있다는 점을 지적했습니다.

이러한 설명에 대해 분석부장과 다정부장은 상당히 수긍하면서 "그래, 너 대인관계 잘해서 좋겠다!", "그래, 너 업무 전문성 높아서 좋겠다!"라고 서로 농담 섞어 웃으며 이야기하는 모습을 보니, 어느 정도 자신들의 장단점에 대해 이해했다는 생각이 들었습니다.

그런데 문득 다정부장이 "그럼 부하 직원들도 이런 식으로 사고형과 감정형으로 구분할 수 있겠네요?"라고 질문해왔습니다.

다정부장 가만히 이야기를 들으면서 갑자기 제 부하 직원 중 한 명이 생각났습니다. 그 친구는 저의 호의에 대해 이상하리만큼 싫어하는 거예요. 제가 개인적인 문제를 궁금해 하면 "그게 왜 궁금하세요?"라고 반문하면서 이상한 눈초리로 쳐다본 적도 있고, 회식이나 단합대회 때도 "이럴 시간에 일에 집중하는 게 더 효율적이지 않습니까?"라고 반문한 적도 있었거든요. 저는 참 이해가 안 되었는데, 지금 이야기를 듣고 생각하니 그 직원이 바로 전형적인 사고형 부하 직원이었던 것 같아요.

분석부장 아, 그러고 보니 저도 생각나는 친구가 있네요. 직원 중 한 명이 저는 분명히 업무와 관련해서 합리적으로 꼭 필요한 이야기를 했다고 생각했는데, 지난 번에 면담할 때 "부장님께서 저를 인정해주시지 않는 것 같아 섭섭

합니다"라고 이야기를 하더군요. 그래서 제가 "그게 아니고 자네는 이런 점이 장점이고 저런 점이 단점이며, 이 때문에 내가 이렇게 이야기한 것이고 도움 되라고 한 거다"며 조목조목 이유를 설명해주었는데도 별로 납득이 안 가는 것처럼 보였거든요. 그 친구가 가끔 저의 가정이나 개인적인 이야기들에 대해 궁금해 할 때는 좀 당황스럽기도 하고 '그런 게 왜 궁금할까?' 라고 생각 했거든요. 가만 생각해 보니 그 친구가 감정형 부하 직원이었던 것 같아요.

분석부장과 다정부장이 부하 직원의 스타일이 자기 스타일과는 다른 점 때문에 인정하지 못했던 사건들을 떠올리는 모습을 보면서 오늘의 상담은 아주 효과적이었다는 생각이 들었습니다. 그리고 서로 웃고 구박하면서 자신의 스타일을 배우라고 주장하는 가운데 서로의 리더십 스타일에서 자신과는 '다름' 을 발견하고, 좀 더 부하 직원의 입장에서 노력하려는 훌륭한 두 명의 리더를 발견할 수 있었습니다.

6개월쯤 후에 실시된 후속 면담에서 분석부장과 다정부장은 아예 일주일에 한 번씩 점심식사 등을 통한 미팅에서 정기적으로 부하 직원 관리와 관련해 서로 상의하고 의견을 나누는 자리를 마련했다고 했습니다. 이 자리에서 서로의 '다름' 과 부하 직원들의 '다름' 을 많이 이해하려고 노력한다는 이야기를 들었습니다.

아마 이제 분석부장과 다정부장이 리더로 있는 팀에서는 '다름' 이라는 것이 서로의 의사소통을 막고 함께 일하기를 방해하는 요인이 아닌, 더불어 일하고 업무와 인간적인 배려라는 두 가지 측면에 균형 있는 관심을 공급해 팀원들 모두 '성공' 하게 하는 좋은 원료로 사용될 것이라 믿습니다.

분석부장(사고형)은 다정부장(감정형)과 함께 일할 때 이렇게 하세요	☞ 모든 것을 논리적으로만 접근하지 마세요. 일에서는 성공하되 관계에서는 실패할 수 있습니다.
	☞ 평가적이고 단정적인 표현은 가능하면 피하세요. 'I message'기법 등을 적극 활용하세요.
	☞ 칭찬으로 시작하고 칭찬으로 마무리하세요. 긍정적인 느낌을 줄 수 있습니다.
	☞ 개인적인 대화를 나누는 것도 중요합니다. 감정 교류가 촉진되어 더 효율적으로 함께 일할 수 있습니다.
다정부장(감정형)은 분석부장(사고형)과 함께 일할 때 이렇게 하세요	☞ 일과 사람을 분리해서 생각하세요. 일을 지적했다고 관계가 나빠지는 것은 아닙니다.
	☞ 말하고자 하는 내용을 넘버링하는 연습(첫째, 둘째, 셋째…)을 해보세요. 상당히 논리적이 됩니다.
	☞ 어떻게 생각하느냐고 물어보세요. 객관적이고 중립적인 접근을 할 수 있습니다.
	☞ 모두를 만족시킬 수 있다는 환상을 버리세요. 세상은 원래 그래요!

다름을 성공으로 만드는 일하는 기술

계획군과 재치군의 프로젝트 수행기

서로의 '다름'이 생각보다 많은 갈등과 충돌을 일으키더라도 당황할
필요는 없다. 이는 새로운 조화와 질서를 준비하는 과정이기 때문이다.

전형적인 계획형 성격의 계획군과 자율형 성격의 재치군은 다름전
자의 2년차 사원들이다. 입사동기지만 각기 다른 부서에서 근무했던
계획군과 재치군은 회사의 중요한 프로젝트인 의식 변화 실현
TFT(task force team)에 차출되어 3개월 동안 함께 일하게 되었다.

각자 자기 부서에서 우수한 사원으로 인정받고 있는 계획군과 재
치군은 개인적으로는 친했지만 함께 업무를 수행하는 것은 이번이
처음이었다. 그런데 막상 한 사무실에서 함께 근무하면서 평상시에
는 발견하지 못했던 서로의 '다름'을 알게 되었고, 그 '다름'으로 인
해 생각보다 많은 갈등과 충돌을 일으키게 되었다.

계획군의 프로젝트 이야기

저는 회계팀의 떠오르는 샛별 계획군입니다. 저는 입사할 때부터 신입 사원답지 않게 철저한 시간 관리와 조직에 대한 친화력, 적응력으로 주목을 받아왔습니다.

저는 어렸을 때부터 워낙 계획적이고 체계적인 것을 좋아했으며, 정리도 잘하고 시간 관념도 철저한 편이었습니다. 그래서 친구들은 저에게 농담처럼 "계획군, 넌 딱 군대 체질이야!"라고 말하기도 했었는데, 정말 군대 체질인건지 실제로도 한편으로는 군대 있을 때가 편안했다고 느낍니다.

군대 자체를 좋아하기는 어렵지만 그런 절도 있는 생활, 일과표에 맞추어 계획되어진 생활들은 제게 편안하게 느껴졌습니다. 저는 대학 3학년 때부터 본격적으로 입사 준비를 하면서 다름전자를 목표로 삼았고, 다름전자뿐만 아니라 다름그룹에 대해서도 나름대로 자료를 수집하고 준비했습니다.

입사한 후 저는 바로 다름전자의 '칸트'가 되었습니다. 한 번도 지각하지 않고 항상 7시 45분이면 회사에 출근했고, 저녁 7시 30분에 정확하게 퇴근했으며, 항상 깨끗하고 정돈된 제 자리를 보면서 사람들이 붙여준 별명이랍니다.

재치군의 프로젝트 이야기

저는 개발팀의 재치군입니다. 지금 하고 있
는 연구개발직이 제 적성에 너무 잘 맞아
요. 새로운 제품에 대한 아이디어를 내고,
시제품도 제일 먼저 볼 수 있다는 장점도 있구요. 특히 제품 테스트
를 위해 아직 출시되지 않은 새 모델을 미리 사용해보는데, 저는 아
무도 가지고 있지 않은 핸드폰을 저만 가지고 있다고 생각하면 갑자
기 우쭐해집니다. 전철에서 전화라도 받을 때면 주변 사람들의 신기
해 하는 모습을 보면서 이 일을 정말 잘 선택했다는 생각이 듭니다.

그런데 요즘 저는 TFT로 옮기면서 한 가지 어려움을 겪고 있습니
다. 제가 원래 있던 부서는 워낙 아이디어나 창의성을 중요하게 생각
하는 곳이어서 비교적 자유로운 분위기에서 근무했거든요. 그런데
TFT에서는 출퇴근을 엄청나게 엄격히 관리하더라구요. 며칠 전에는
팀장님께 지각한다고 혼나서 요즘은 기를 쓰고 일찍 나오는데, 결국
오늘은 제발 다른 사람들을 위해서라도 책상 정리 좀 하고 다니라는
지적까지 받고 나니, 제가 조직생활에 적응이 가능한 사람인지 회의
가 듭니다.

계획군과 재치군의 프로젝트 함께 하기

계획군과 재치군은 신입 사원 교육 당시 일주일 동안 함께 생활했던

사이였습니다. 당시에 재치군은 일주일 동안의 숙박 교육이 무척 힘들었던 반면에, 계획군은 입사동기들도 "체질이다, 체질!"이라고 놀릴 정도로 잘 적응했습니다.

그런가 하면 교육 중간에 새로운 아이디어 발명 대회에서 재치군이 1등을 했기 때문에 계획군도 재치군을 잘 기억하고 있었습니다. 맨날 늦게 자고 일어나기도 힘들어 하며 교육 시간에는 앞장 서서 졸던 친구가 아이디어 발명 대회에서는 두각을 나타내며, 존경스러울 정도의 기발한 아이디어와 예상을 뛰어넘는 인상적인 프레젠테이션 기술로 1등을 차지한 사건이 여러 사람들에게 재치군을 '엉뚱한 녀석'으로 기억하게 했습니다.

이후로는 다른 팀에서 근무하느라고 제대로 만나거나 이야기하지 못했는데, 같이 TFT에서 만나게 되자 계획군과 재치군은 서로 매우 반가워 했습니다. 계획군과 재치군은 서로 "열심히 잘해보자!"면서 결의를 다졌습니다. 첫 회의 때는 계획군의 착실한 준비가 돋보였으며, 재치군의 독창적인 아이디어가 신선함을 제공하는 경험을 하면서 계획군과 재치군은 서로 잘 지낼 수 있겠다는 생각을 했습니다.

계획군과 재치군의 다름 이야기

하지만 일이란 게 그렇게 생각보다 쉬운 것은 아니었습니다. 특히 옆자리에 같이 있으면서 항상 서류 더미가 정리되지 않은 채로 쌓여져 있는 재치군의 자리를 보는 것만으로도 계획군은 스트레스를 받았으며, 재치군이 종종 회의 때 지각을 하거나 이미 결정된 사항에 대해 자꾸 새로운 아이디어를 내 놓는 태도들이 계획군이 보기에는 불성실해 보이기까지 해서 짜증이 나기도 했습니다.

그렇다고 동기 간에 뭐라고 하기도 그렇고 해서 참고 있던 중, 팀장님이 하루는 재치군을 불러서 지각하는 문제와 책상 정리 등의 문제에 대해 지적하는 일이 발생했습니다. 그날 재치군은 계획군에게 TFT에서 업무가 아닌 다른 일로 지적받는 스트레스를 호소했지만, 계획군은 "지킬 것은 지키면 되지 않느냐?"며 오히려 재치군의 생활방식의 문제들에 대해 나름대로 조언을 해주었습니다.

그런데 참 이상한 것은 이런 생활상의 문제에도 불구하고, 재치군이 어느 순간 딱 몰두하기 시작하면 그 어느 누구도 따라올 수 없는 열정을 보인다는 것이 모든 사람들의 미스터리였습니다. 각자 나누어 맡은 과제들에 대해 중간 정리 미팅을 할 때 다른 사람들은 모두 며칠 전부터 자료 수집에서 시작해 프레젠테이션 준비로 바빴지만, 재치군은 한가하게 인터넷 사이트를 보거나 심지어는 게임을 하면서 전혀 준비를 안 하는 듯 보였습니다.

그런데 막상 프레젠테이션 전날 낮에 재치군은 갑자기 "그래, 바로 이거야!"라고 외치고는, 그때부터 뭔지 모를 작업에 혼자 열중해서 샌드위치로 식사를 때워가며 남들 퇴근할 때도 남아서 몰두하는 모습을 보였습니다. 그리고 중간 정리 미팅 당일, 재치군은 다른 사람들과는 매우 다르고 독특한 접근으로 자신의 의견을 제시했을 뿐만 아니라, 그 신선한 아이디어로 전체 프로젝트의 몇 가지 내용을 바꾸자는 의견이 나올 정도로 좋은 반응을 이끌어냈습니다. 이 때문에 재치군은 다시 한번 사람들을 놀라게 했지만, 그 다음날부터는 또 예전의 상태로 돌아가는 모습을 보이면서 "참 독특한 사람이네!"라는 이야기를 다시 한번 듣게 되었습니다.

계획군과 재치군의 성공 이야기

저는 TFT의 다름팀장입니다. 회사에서도 중요하게 생각하고 있는 프로젝트여서 팀을 맡은 이후 팀원 인선에도 매우 신경을 썼으며, 이 때문에 그동안 눈여겨보았던 계획군과 재치군을 이번 프로젝트에 참가시키기 위해 많은 노력을 했습니다.

그런데 막상 개별적으로 봤을 때는 참 우수해 보이던 계획군과 재치군이 함께 일을 하면서부터는 자꾸 소소한 문제들로 갈등을 겪고 부딪치는 부분들이 있어서 걱정하던 차에, 아예 정식으로 한번 같이 모여 이야기를 해보기로 결심했습니다. 제가 계획군과 재치군을 함께 만나자고 한 취지와 두 사람을 선발하고 싶었던 저의 동기, 또 그동안 가져왔던 관심 등을 말하고, 실제로 같이 일하면서 어떤 어려움이 있는지 물었습니다.

계획군 저도 팀장님 생각과 마찬가지로 재치군이 매우 유능하다는 것을 충분히 인정합니다. 그동안 옆에서 봐오면서 배울 점도 많다고 느꼈으니까요.

그런데 막상 생활하면서 가장 불편한 것 중에 하나는 기본적으로 성실한 업무 태도를 보여주었으면 하는 것입니다. 저도 아침에 일어나기 힘들기는 마찬가지지만, 그래도 저녁 때면 '내일 하루도 열심히 살아야지. 일찌감치 가서 이런 준비를 해야지!' 라고 결심하면서 잠들거든요. 또 한 가지는 공동생활인데 책상이나 아니면 회의 테이블 정리 같은 것도 신경 써주었으면 좋겠습니다. 맨날 저만 치우고 정리하는 것도 이제 지쳤거든요.

재치군 저 때문에 계획군이 그렇게 스트레스를 받고 있는지 몰랐어요. 저는 정작 제가 정말 조직생활에 맞는 사람인지 회의가 들었고, 그런 고민하느라 다른 사람들이 이런 저의 행동에 대해 어떻게 생각할까에 대해서는 별로 생각하지 못했습니다. 때로는 다른 사람들이 저의 행동에 대해 왈가왈부하는 게 무척 부담스러워요. 제 생각에 회사는 일하는 곳이고, 일만 잘하고 열심히 하면 되는 거지, 책상 정리나 근태 관리 같은 것은 솔직히 별로 중요하지 않다고 생각하거든요.

기본적인 회사생활이나 조직생활에 대한 태도에서부터 계획군과 재치군은 상당히 차이가 난다는 것을 알 수 있는 대화였기 때문에, 한편으로는 난감하고 어떻게 할지 고민이 되기도 했습니다. 그래서 일단 계획형 성격과 자율형 성격의 차이에 대해 설명하고, 계획형과 자율형이 최고의 성과를 보이기 위해 선호하는 업무 환경이 다르다는 점을 이해시켰습니다.

하지만 기본적인 성격이 자율형이든 아니면 계획형이든 간에 회사생활은 기본적으로 단체생활이고, 다른 사람들과 함께 살아가는 것이라는 점을 전제로 했지요. 그래서 아예 이야기를 두 가지 차원으로 나누어 했습니다. 조직생활과 관련된 기본적인 예의나 태도와 관련된 부분들, 또 서로 최상의 성과를 올릴 수 있도록 고유의 업무 스타일을 존중하는 차원으로 이야기를 나누어 진행했습니다.

계획군 저는 재치군이 기본적인 조직생활과 관련된 원칙들에 좀 더 신경을 써주었으면 좋겠다는 부탁을 하고 싶어요. 왜냐하면 그 때문에 여러 사람들이 피해를 볼 때가 있거든요. 예를 들어서 회의할 때나 아니면 공동으로 사용하는 공간을 정리하는 등의 문제들은 방금 전 팀장님께서 말씀하신 기본적 태도와 관련된 문제로 생각됩니다. 저 역시 그런 문제로 재치군이 사람들로부터 오해를 받거나 능력을 정당하게 평가받지 못할 때면 속상하기도 하거든요. 그래서 이런 조직생활과 관련된 원칙들을 좀 더 신경써서 준수하면 다른 사람들도 좋고, 본인도 긍정적인 평가를 받을 수 있지 않을까 싶네요.

재치군 사람들이 제게 하는 "왜 늦었냐?", "어지럽히지 마라" 이런 말들은 어려서부터 많이 들어왔던 말들이고, 솔직히 그동안 그런 말들을 들을 때마다 '어디 좀 동떨어진 별천지로 도망가서 살든지 해야지!' 라고 생각하면서 별로 귀담아듣지 않았습니다. 하지만 오늘 계획군이 저렇게 진지하게 말을 하니 저도 한번 진지하게 노력해보는 계기로 삼겠습니다.
제가 또 한번 한다고 하면 아주 철저할 정도로 열심히 하는 거 아시잖아요? 그런 사소한 문제에 대해 조금만 더 신경을 쓰면 결국 내가 일하는 방식이나 스타일에 대해 좀 더 확실한 자유로움을 얻을 수 있겠다는 생각이 들었어요. 그러니까 그게 결국 나도 좋고, 다른 사람들도 좋다는 말이죠!

이에 덧붙여 일과 관련해 서로의 '다름'이 어떤 식으로 영향을 미칠지에 대해 계속 이야기를 했습니다. 계획군은 항상 새롭고 독특한 아이디어와 창의적인 방법들을 제시하는 재치군의 능력에 많은 점수를 주었으며, 자신은 계획적이고 체계적인 반면에 그런 창의성이 부족해 항상 고민이었다고 표현했습니다. 이에 대해 재치군은 자신도 계획군처럼 계획적이고 싶어서 나름대로 계획도 많이 세워봤지만 계획군의 엄청나게 정교한 계획표를 보면 슬그머니 자기의 것은 버릴 수밖에 없었다는 일화를 들려주면서, 앞으로는 하루에 한두 가지라도 계획을 세우고 실천하는 연습을 해보겠다고 이야기했습니다.

일단 이로써 계획군과 재치군의 갈등과 대립은 일단락되었습니다. 요즘도 재치군은 종종 늦는데, 이전과는 달리 다른 사람들에게 매우 미안한 티를 내면서 들어오고, 때로는 늦은 벌로 자신이 간식도 사오는 등 귀여운 모습도 보여 사람들로부터 "재치군아, 종종 늦어라. 이거 아주 좋다"라는 칭찬 아닌 칭찬을 받기도 한답니다.

계획군은 일단 자신이 짠 계획이나 아이디어에 대해 재치군에게 한번 보여주고 같이 이야기하는 것이 하나의 계획이 되어 버린 것 같더군요. 서로 도와가면서 일하는 모습을 보고 있자면, 팀장으로서 아주 흐뭇함을 금할 길 없습니다.

계획군(계획형)은	☞ 아이디어가 중요한 때와 정해진 계획을 실천하는 것이 중요한 때를 구분
재치군(자율형)과	하세요.
함께 일할 때	☞ 너무 빡빡한 일정은 피하세요. 서로 스트레스를 안 받는 좋은 방법입니다.
이렇게 하세요	☞ 세부적인 것까지 관여하지 마세요. 과정은 알아서 하도록 하는 게 좋습니다.
	☞ 확인과 점검은 가능하면 공개적인 회의 등에서 하세요. 개인적인 확인은
	간섭으로 느끼기 쉽습니다.

재치군(자율형)은	☞ 메모를 적극 활용하세요. 그리고 책상 앞에 잘 보이는 곳에 붙여 놓으세요.
계획군(계획형)과	☞ 자신의 자율적인 스타일이 타인에게는 스트레스를 줄 수 있다는 점을 명
함께 일할 때	심하세요. 함께 살아가는 세상이잖아요!
이렇게 하세요	☞ 계획을 따라야 하는 때와 내 마음대로 조절할 수 있는 때를 분리하세요.
	☞ 스스로 조직의 중요한 규칙들은 따르겠다고 결심하세요. 본인이 자율적으
	로 결정한 것이라고 생각하세요.

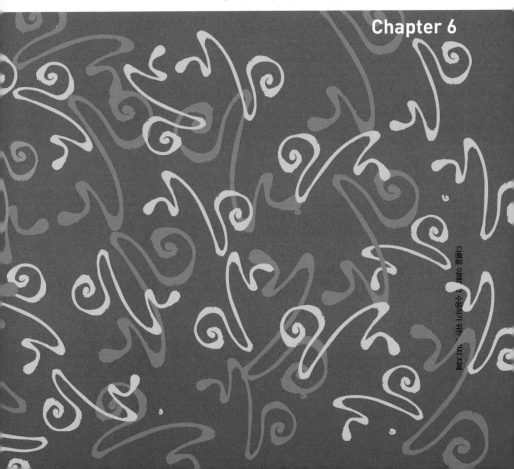

다름을 이해하고
수용하기 위한 5가지 지혜

Chapter 6

다름을 이해하고 수용하기 위한 5가지 지혜

우리가 서로 '다름'을 가진 사람들과 조화롭게 살아가기 위해서는 서로를 이해하고 수용하기 위한 몇 가지 태도와 기술들이 필요하다. 서로의 '다름'을 이해하기 위해서는 나 자신에 대해서 뿐만 아니라 다른 사람의 '다름'과 그 특징들에 대해 잘 이해하고 있어야 한다. 또한 이와 더불어 서로 대화하고 갈등을 해결하는 기술들이 필요하며, 대인관계를 원활히 하기 위한 비법들을 활용할 줄 알아야 한다.

다름은 노력을 통해 행복으로 바뀐다

어쩌면 '다름'을 이해하고 수용하는 것은 매우 쉬운 일인지도 모른다.
지금까지의 내 생각과 시각을 조금만 바꾸면 되는 일이다.

"대인관계를 잘하기 위해서는 어떻게 해야 합니까?"

"의사소통을 잘하기 위한 비법을 알려주세요."

"사람을 설득하고 내 편으로 만들 수 있는 방법이 없나요?"

이는 사람들이 필자에게 흔히 던지는 질문들이다. 우리는 진심으
로 '다름'을 인정하고 수용하고 싶어 한다. 그리고 이를 통해 대인관
계나 의사소통을 잘하고 싶어 하며, 함께 행복하게 어울려 살거나 성
공의 길을 걷고 싶어 한다. 하지만 현실은 그렇지 못한 것 같다. 과연
그런 비법은 없는 것일까? 한방에 '다름'을 이해하고, 대인관계와 의
사소통을 변화시킴으로써 새로운 나를 만들 수 있는 방법은 없는 것
일까?

'다름'을 이해하고 수용하는 것은 쉬운 일이다. 지금까지의 내 생
각과 시각을 조금만 바꾸면 되는 일이다. 이 과정은 나와 똑같이 생

각하고 행동할 것이라고 가정했던 다른 사람들의 모습에 대해 다르 다는 것을 인정하고 받아들이려는 마음가짐을 갖는 것에서 출발한 다. 내 모습과 타인의 모습에 대해 좀 더 관심을 가지고 나의 '다름' 과 타인의 '다름'을 발견하기 위해 노력한다면, 쉽게 이루어질 수 있 는 일이다.

하지만 이러한 마음가짐만으로 해결되는 것은 아니다. 생각과 시 각을 바꾸더라도 과정 속에서 어쩔 수 없이 많은 시행착오를 거쳐야 하며, 주위의 다양한 사람들의 고유하고 특별한 '다름'을 각각 이해 하고 수용하기 위해서는 상당한 노력과 시도가 필요하다. 이를 위해 서 나와는 '다름'을 가진 사람들과 끊임없이 상호 작용하고 교류해 야 한다.

나의 '다름'을 정확하게 인식하는 데는 상당한 노력이 필요하며, 타인의 다양한 '다름'을 이해하고 수용하기 위해서도 상당히 많은 노력과 열정이 필요하다. 즉 나와 타인의 '다름'을 이해하고 수용하 는 것은 많은 투자와 노력이 필요한 과정인 것이다. 하지만 충분히 그럴 만한 가치가 있지 않을까?

다름을 삶의 활력소로 활용하기 위한 5가지 지혜

그럼 우리는 과연 어떤 노력들을 해야 할 것인가? 단지 '다름'을 이 해하고 수용하기 위한 굳은 마음가짐만으로는 부족하다.

나와 타인이 함께 어울려 살기 위해서는 다음의 다섯 가지 정도의 삶의 지혜들이 필요하다.

첫 번째 지혜는 나의 '다름'에 대해 정확하게 이해하는 것이다. 스스로에 대해 얼마나 다양한 시각을 가지고 있으며, 얼마나 많은 '다름'을 가지고 있는지 끊임없이 탐구하고 발견해내야 나를 남에게 제대로 표현하고, 받아들여질 수 있도록 설명할 수 있는 것이다. 따라서 타인의 '다름'에 대한 이해보다 자신의 '다름'에 대한 정확한 이해가 선행돼야 한다.

두 번째 지혜는 타인의 '다름'에 대해 이해하고자 노력하는 것이다. 타인은 나와 어떤 점이 다른지, 이런 '다름'을 어떻게 조화할 수 있는지 등을 알기 위해 노력이 필요하다.

세 번째 지혜는 이러한 나의 '다름'과 타인의 '다름'이 서로 교류하는 데 필요한 기본적인 의사소통 기법을 갖추는 것이다. 우리는 많은 대화를 통해 서로를 이해할 수 있으며, 이런 교류가 없다면 서로의 차이와 간격을 좁힐 수 없다.

네 번째 지혜는 의사소통 기술을 넘어서 사람을 움직이는 기본적인 원리에 대해 아는 것이다. 대화를 시작하기 위해서는, 그리고 서로 교류하기 위해서는 기본적인 대인관계가 형성되어야 한다. 따라서 사람들이 어떤 원리에 따라 움직이며, 이를 '다름'으로 이해하고 수용하는 데 어떻게 활용해야 할지 알아야 한다.

다섯 번째 지혜는 서로의 '다름' 때문에 발생하는 갈등과 대립을 해결하기 위한 방법들을 익히는 것이다. 갈등이나 대립은 어쩔 수 없이 생기는 것이며, 특히 서로 간에 '다름'이 존재할 때에는 더욱 그렇다. 이를 해결할 수 있는 좋은 방법을 찾아 적극적으로 풀어 나가는 지혜가 필요하다.

이와 같은 다섯 가지 지혜를 정리하면 다음과 같다.

- ☞ 나의 '다름'을 연구하라.
- ☞ 타인의 '다름'을 연구하라.
- ☞ '다름'을 이해하기 위한 효과적인 의사소통 기법을 구사하라.
- ☞ '다름'을 인정하기 위한 대인관계 구구단을 외워라.
- ☞ '다름'으로 인한 갈등을 해결하는 방법을 익혀라.

첫 번째 지혜 _ 나의 다름을 연구하라

먼저 자신을 이해할 때 타인을 이해할 수 있는 눈이 열린다. 자신을 알아가는
과정은 그만큼 즐겁고 재미있는 여행이다. 이제 그 여행을 떠나보자.

'너 자신을 알라' 는 명제는 너무 흔하고 자주 사용되기 때문에 오히
려 그 가치와 중요성이 무시되는 경향이 있다. 자신에 대한 정확한
이해가 없다면 타인과 안정된 관계를 맺기 어렵다. 자신에 대한 이해
는 스스로를 위해서도 필요한 것이며, 타인과 의미 있는 관계를 맺기
위해서도 필수적이다.

인간의 심리적 발달 과정을 연구하는 발달심리학에서 보면, 청소
년기에는 자신이 누구이고, 어떤 것을 원하는 사람이며, 무엇을 좋아
하고 싫어하는지, 그리고 무엇을 잘할 수 있는지 등 자신에 대한 개
념, 즉 '자아 정체감' 을 형성하는 것이 중요한 발달 과업이다.

이와 같은 자아 정체감을 제대로 형성해야만 이후에 건강한 인간
관계를 형성하는 단계로 넘어갈 수 있다. 만약 청소년기에 자아 정체
감이 제대로 형성되지 못하면, 내 안에서 찾아야만 하는 자신에 대한

정체감을 타인에게 알려달라고 사정하거나 약물이나 술에 의지해 자신의 허무함과 공허감을 해결하는 부적절한 행동을 낳게 된다.

그럼 스스로에 대해 무엇을 알아야 하며, 어떤 부분들을 연구해야 하는가? 지금까지 우리는 '다름'이라는 이름 아래 사람들 간의 성격에 대해 배워왔다. 하지만 이것으로 충분하지는 않다. 다음의 질문들에 하나씩 답해보자.

질문 1 _

다음 중 당신이 인생을 살아가면서 중요하다고 생각되는 것을 5가지 선택해 순서대로 앞의 공란에 숫자로 표시하시오.

	협동과 조화	다른 사람들과 조화롭게 살아감
	창조성	새롭고 창의적인 아이디어를 내는 것
	경제적 보상	보수가 좋은 일을 하는 것
	교육	새로운 것을 학습하고 배워가는 것
	가정	부모와 아이들과 친척을 돌봄
	자유	자유롭게 생각하고 행동함
	건강	정서적, 신체적, 정신적으로 평안한 느낌
	봉사	다른 사람을 도와줌
	충성	누군가 혹은 무언가에 헌신함
	경영	일을 계획하고 지도함
	즐거움	재미나 만족을 추구함
	권력	사람이나 사건에 강한 영향력을 가짐
	지위	잘 알려지고 존경받음
	존경과 인정	사람들로부터 공경받고 존중받음
	안정	편안하고 확실한 환경에서 생활함

질문 2 _

당신은 최선과 최악의 선택을 해야 합니다. 다음 중 불쾌하더라도 가장 쉽게 받아들일 수 있는 것에 1번을 표시하고, 가장 받아들이기 힘든 것에 5번을 표시하는 방식으로 1~5까지 선택해보시오.

월급이 많지만 섭씨 45도의 사막에서 일하기

태백산맥 골짜기의 조그만 농가에서 살기

너무 비싸서 빠듯한 예산으로 구입한 강남의 작은 평수 아파트에 살기

편안한 전세 아파트에서 짧은 거리에 직장이 있는 지방도시에 살기

출근하는 데 고속도로로 1시간 걸리는 신도시 외곽의 중산층 단지에서 살기

질문 3 _

당신의 이상적인 하루를 그려보시오.

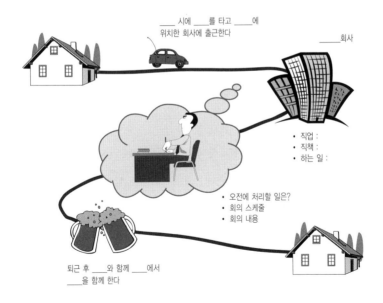

당신이 선택한 중요한 5가지 가치는 무엇인가? 당신은 어떤 환경을 좋아하고, 어떤 환경을 싫어하는가? 당신이 생각하고 있는 이상적인 생활은 어떤 것이며, 무엇을 원하고 있는가? 위의 3가지 질문에 답한 후 자신에 대해 어떤 생각을 가지게 되는가?

항상 의식하고 있는 것은 아니지만, 우리는 자신이 중요하다고 생각하는 가치를 중심으로 살아가게 된다. 또한 내가 간절히 원하고 바라는 나의 이상과 꿈이 있으며, 이를 실현하는 과정에서 중요하게 생각하는 환경적 요인들이 있다.

나의 직업이나 생활이 자신이 중요하게 여기는 가치와 일치하거나 관련이 있을 때, 우리는 즐겁게 일할 수 있으며 활기와 열정을 가질 수 있다. 하지만 만약 직업이나 생활이 자신이 중요하게 여기는 가치와 일치하지 않는다면, 우리는 현실에 제대로 적응하지 못할 뿐만 아니라 흥미와 관심을 잃은 채 무기력하고 지루한 일상을 살게 된다.

나는 분명히 다른 사람과 차별되는 '다름'을 가지고 있다. 하지만 우리는 내가 가진 '다름'이 과연 어떻게 다른 것인지 분명하게 먼저 알아야 한다.

이와 같이 스스로 이해하고 발견해야 하는 나만의 '다름'은 나의 성격적인 특성이 될 수도 있으며, 내가 인생을 살아가는 데 꼭 필요하고 중요한 가치일 수도 있다. 또한 가치와 같이 크고 개념적인 수준의 것이 아니라, 오늘 내가 어디로 출근해서 무엇을 하고 몇 명의 사람들과 상대하는가 등과 같이 구체적인 수준의 것들도 있다.

우리는 자신에 대해 알아가면 알아갈수록 더욱 궁금해지는 것이 많지만, 알아가는 과정 자체가 즐겁고 재미있는 여행인 것이다. 즉 아직도 자신에 대해 배우고 이해해야 할 것이 많은 미지의 영역들이 존재하는 것이다.

두 번째 지혜 _ 타인의 다름을 연구하라

내가 생각하고 있는 가치와 타인이 중요하게 여기는 가치가 어떤 것인지에 따라
우리는 조화와 통합을 경험할 수도 있으며, 갈등과 대립을 경험할 수도 있다.

첫 번째 지혜에서 응답한 자신의 가치 기록을 다시 한번 체크해보자.
내가 중요하게 생각하고 있는 가치들을 점검해보고, 내가 선택하지
않은 가치들을 점검해보자. 과연 내가 선택하지 않은 가치들은 정말
중요하지 않은 가치들일까? 아니면 다른 사람은 내가 선택하지 않은
가치들을 중요하게 생각할 수 있을까? 혹시 나는 나와 가치가 다른
사람들의 '다름'을 인정하지 않고 수용하지 못한 적은 없을까?

　내가 이 세상에서 제일 중요하고 의미 있는 존재인 것처럼, 타인
역시 중요하고 의미 있는 존재이다. 그리고 이들은 각각 자기 나름대
로의 성격을 비롯한 다양한 '다름'을 가지고 있다.

　우리는 과연 지금까지 이와 같은 타인의 '다름'을 얼마나 많이 알
고 이해해 왔을까? 내게 매우 중요한 누군가를 떠올리면서 다음의
질문에 다시 답해보자.

질문_

다음 중 당신에게 매우 중요한 사람인 _____ 씨가 인생을 살아가면서
중요하다고 여길 것 같은 5가지를 선택해 순서대로 앞의 공란에 숫자로
표시하시오.

협동과 조화	다른 사람들과 조화롭게 살아감
창조성	새롭고 창의적인 아이디어를 내는 것
경제적 보상	보수가 좋은 일을 하는 것
교육	새로운 것을 학습하고 배워가는 것
가정	부모와 아이들과 친척을 돌보는 것
자유	자유롭게 생각하고 행동함
건강	정서적, 신체적, 정신적으로 평안한 느낌
봉사	다른 사람을 도와줌
충성	누군가 혹은 무언가에 헌신함
경영	일을 계획하고 지도함
즐거움	재미나 만족을 추구함
권력	사람이나 사건에 강한 영향력을 가짐
지위	잘 알려지고 존경받음
존경과 인정	사람들로부터 공경받고 존중받음
안정	편안하고 확실한 환경에서 생활함

우선 가장 먼저 위의 질문에 대해 얼마나 자신 있게 답변했는지 살
펴보자. 나와 매우 친밀하고 가까우면서 중요한 사람임에도 불구하
고, 우리는 정작 그 사람이 중요하게 생각하고 있는 가치에 대해 얼
마나 알고 있는가? 그들이 중요하게 생각하는 가치들을 자신 있게
선택할 수 있었는가, 아니면 전혀 대답하지 못했는가? 우리는 이번
기회를 통해 내게 중요한 누군가의 생각과 가치에 대해, 그리고 그

209

사람에 대해 얼마나 이해하고 수용하고 있었는지에 대해 점검해볼 수 있다.

자신이 체크한 결과를 가지고 내가 떠올렸던 그 사람을 만나 결과를 확인해보자. 자신이 실제로 그동안 얼마나 그 사람의 '다름'을 이해하고 수용하고 있었는지 알 수 있을 것이다. 그리고 함께 이야기하면서 이해와 수용의 시간을 가져보자. 그 사람이 중요하게 생각하고 있는 가치가 무엇인지, 왜 그렇게 생각하는지를 통해 서로를 이해하고 수용하는 기회를 마련해보자.

내가 생각하고 있는 가치와 타인이 중요하게 여기는 가치가 어떤 것인지에 따라 우리는 조화와 통합을 경험할 수도 있으며, 갈등과 대립을 경험할 수도 있다.

만약 내가 중요하게 여기는 가치와 타인이 중요하게 여기는 가치가 모두 '협동과 조화'라고 한다면, 두 사람이 조화롭게 생활하기가 훨씬 쉬울 것이다. 반면에 두 사람 모두 중요하게 여기는 가치가 '권력'이라면, 서로 조화를 이루기보다는 경쟁과 대립을 유발할 수 있다. 한편 나의 가치가 '권력'과 '지위'인 데 반해 다른 사람의 가치가 '충성'과 '봉사'라면, 서로의 가치가 다르더라도 쉽게 조화와 통합을 이룰 수 있을 것이다.

이렇듯 성격적인 특성뿐만 아니라 그 외의 다양한 측면에서도 서로 '다름'에 대해 이해하지 않고 수용하지 못한다면, 쉽게 대립과 갈등을 경험할 수 있다. 나의 가치가 중요한 만큼 타인의 가치도 존중받아야 하며, 나의 가치와 타인의 가치를 어떻게 조화시킬 수 있는가에 대해 연구하고 고민하는 것이 '다름'을 이해하고 수용하기 위한 또 하나의 중요한 노력인 것이다.

세 번째 지혜 _ 다름을 이해하기 위한 효과적인 의사소통 기법을 구사하라

기본적인 의사소통 기법에 충실한다면 효과적인 대화를 할 수 있으며,
이를 바탕으로 서로의 '다름' 을 이해하고 수용할 수 있다.

우리는 한눈에 쉽게 상대방이 어떤 특성을 가지고 있는지, 나와는 어떤 '다름' 을 가지고 있는지 알고 싶어 한다. 하지만 어느 누구라도 상당한 노력을 기울이지 않으면, 상대방의 '다름' 을 이해하거나 나의 '다름' 을 상대방에게 전달하기 쉽지 않다.

이런 경우 나와 상대방이 함께 교류하는 데 있어서 필수적인 방법이 바로 효과적인 의사소통 기법이다. 이를 통해 우리는 서로 이해하지 못하는 상대방에 대한 더 많은 정보를 얻을 수 있고, 이런 정보들을 바탕으로 '다름' 을 인정하고 수용할 수 있다. '다름' 을 이해하고 수용하기 위해 필요한 핵심적인 의사소통 기법을 배워보자.

경청하기

우리가 서로 대화할 때 가장 중요한 의사소통 기법은 '말하는 것'이 아니라 상대방의 말을 '듣는 것'이다. 서로 듣지는 않고 말하기 경쟁만을 한다면 대화는 단절되고, 갈등은 더욱 더 강한 대립으로 치닫게 된다. 반면에 서로가 상대방의 말을 듣기 위해 노력할 때 의미 있는 교류가 형성되는 것이다.

'경청하기'는 상대방의 이야기를 듣고 이해하는 중요한 기법으로, '상대방의 말에 주의를 기울이고 이해하기 위해 노력하는 것'을 말한다. 이는 의사소통의 가장 기본적인 과정으로 상대방에 대한 정보를 얻고, 상대방을 이해하는 밑거름이 된다. 또한 상대의 활발한 대화를 유도해 상대방의 개방적이고 솔직한 표현을 촉진하는 기능을 한다.

사람들은 흔히 '경청하기'라는 의사소통 기법을 매우 쉽게 생각한다. 그렇지만 우리는 상대방의 입장에서 진지하게 듣기보다는 나의 판단과 평가의 과정을 거쳐 필요한 부분이나 듣기 좋은 부분만을 선별해서 듣는 우를 범하기 쉽다.

당신은 어떤 방식의 '경청하기'를 좋아하는 사람인가? 다음 중에서 선택해보자. 그리고 각 상사의 경우 어떤 느낌을 받는지도 함께 적어보자.

질문_

당신은 회사생활에서의 어려움에 대해 자신의 상사와 상의하고 있습니다. 이야기를 들어주는 상대방에 대한 느낌을 적어보세요.

듣기 유형	A상사	B상사	C상사
	자신의 업무를 계속 수행하느라 모니터를 보고 자판을 두드리면서 "괜찮아, 이야기해! 다 알아들을 수 있어. 그러니까 이게 문제란 거 아니야?"라고 말한다.	두 손을 깍지 낀 채 턱 밑에 받치고 무표정한 얼굴로 나를 응시하면서 아무런 반응 없이 이야기를 묵묵히 듣는다. 때때로 창밖을 보며 생각에 잠긴다.	자신의 수첩을 꺼내 메모도 해가며 나와 눈을 마주치고, 고개를 끄덕이면서 듣는다. 내가 힘들었던 이야기를 할 때에는 측은한 표정도 짓는다.
느낌			

당신은 위의 듣기 유형 중 어디에 속했는가? 또 각각의 유형에 대한 느낌은 무엇인가?

A상사와 같이 말이란 입으로 하는 거라고 생각하면서 쳐다보지도 않은 채 자신의 일을 해가면서 들었는가? B상사처럼 열심히 듣기는 하지만 아무런 반응을 하지 않아 다른 사람에게 열심히 듣고 있다는 느낌을 전달해주지 못하는 '일방적인 듣기'만을 했는가? 아니면 C상사처럼 적극적인 듣기를 하면서, 자신이 잘 듣고 있다는 것을 전달하려고 했는가?

당신은 지금까지 어떤 방식의 듣기 유형을 사용해왔으며, 남들에게 어떤 느낌을 주었는지 알게 됐을 것이다. 그러면 이제는 어떤 방식의 듣기 유형을 사용할 것이며, 남들에게 어떤 느낌을 주고 싶은지 새롭게 결정해보자. 그럼 효과적으로 경청하기 위해서 필요한 4가지 원칙을 살펴보자.

하나 _ 타인의 말을 타인의 입장에서 생각하고 받아들여라

상대방은 나와 특징이나 역할이 다를 뿐만 아니라, 나름대로 처해 있는 입장과 환경도 다르다는 점을 기억해야 한다. 그렇지 않으면 타인이 진짜로 전하고자 하는 메시지를 전달받지 못한다.

둘 _ 즉각적인 판단보다는 일단 그대로 받아들이도록 노력하라

타인의 말에 대해 쉽게 판단하고, 빠르게 나의 의견이나 반응을 나타내는 것이 항상 좋은 것은 아니다. 일단 상대방이 이야기하는 이유를 차근차근 들어본 후에 판단해도 절대 늦지 않는다.

셋 _ "그래", "그렇구나", "그래서?" 등과 같이 적절한 경청 기법을 활용하라

내가 열심히 듣고 있다는 사실 자체도 중요하지만, 두 사람 사이의 교류라는 측면에서 보면 대화는 상호적이어야 한다. 따라서 대화 도중 내가 열심히 듣고 있다는 것을 표현해줄 수 있는 팁들을 사용하는 것이 좋다.

넷 _ 시선을 맞추고, 고개를 끄덕이는 등 비언어적인 기법을 적극 활용하라

말은 단지 입으로만 하는 것이 아니며, 온몸과 행동으로도 의사전달을 해야 한다. 따라서 자신이 듣고 있다는 것을 효과적으로 전달할 수 있는 비언어적 기법들에 익숙해져야 한다.

공감하기

내가 힘들고 어려울 때 고민을 상담하는 과정에서 어떤 사람에게 이야기하면 괜히 말했다 싶기도 하고 후회된 반면에, 또 다른 사람의 경우에는 속이 시원해지면서 위로받았다는 느낌이 든 적이 있었을 것이다. 어떤 사람의 경우에는 나의 행동과 문제에 대해 조목조목 지적해 더 속상해져 눈물이 글썽여진 반면에, 또 다른 사람의 경우에는 내 마음을 알아주는 것 같아 갑자기 감정이 울컥 솟아 올라 눈물이 나기도 했었을 것이다.

과연 이런 차이는 어디에서 발생하는 것일까? 상대방이 내 마음을 이해하고 공감해줄 때 우리는 감정적인 위로를 받으며 편안한 느낌을 갖지만, 슬프고 힘든 감정은 무시당하고 분석당할 때 우리는 오히려 더 많은 마음의 고통을 받으며 다시금 서러움에 눈물 짓게 된다.

'공감하기'는 이와 같이 상대방의 감정을 위로해주고 이해해주는 것으로서 '상대방의 말에 대해 단지 사실적인 이해만을 하는 것이 아니라, 상대방이 느끼는 주관적인 기분이나 입장에 대한 정서적인 이해를 하는 것'을 말한다. 이는 상대방에게 상황과 감정을 잘 이해하고 수용하고 있다는 느낌, 즉 '나를 이해해주는구나'라는 느낌을 주게 된다. 따라서 상호 간의 신뢰가 증진될 뿐만 아니라 더 많은 자기 공개를 이끌어내게 된다.

'공감하기'는 크게 2단계로 진행되는데, 하나는 타인의 감정이나 정서적인 의미를 정확하게 인식하는 것이고, 두 번째는 타인의 감정이나 정서적인 의미를 내가 이해하며 수용하고 있다는 것을 효과적으로 표현하고 전달하는 것이다. 당신은 내게 고민과 어려움을 이야기하는 사람에 대해 어떤 식으로 반응하는가? 그리고 아래의 예에서 보이는 각각의 부모에 대해 어떤 느낌을 가지는가?

질문_

당신은 이번 중간고사를 망친 것 때문에 속상해서 엄마와 대화하는 고등학생입니다. 각각의 반응에 대한 느낌을 적어보세요.

듣기 유형	A 부모	B 부모	C 부모
	그러니까 엄마가 공부하랄 때 공부하지, 왜 그렇게 말을 안 듣니. 엄마가 나중에 후회할 거라고 했어, 안 했어? 다음 시험 때 어디 한번 볼 거야.	그래, 다음에 잘하면 되지. 어쩌다 보면 시험 못 볼 때도 있는 거지 뭐. 그냥 편하게 생각해.	저런… 시험 성적이 떨어진 것 때문에 무척 속상했구나. 이번 시험은 열심히 노력하는 것 같았는데, 엄마도 너무 안타깝구나.
느낌			

A의 경우에는 '분석적' 반응으로 자신의 입장에서 문제의 원인과 결과를 냉철하게 분석하고 그 대안을 제시하지만, 상대의 감정 상태

에 대한 배려는 부족한 경우이다. B의 경우에는 '지지적' 반응으로 감정적인 부분에 초점을 두기는 하지만, 상대의 감정에 대한 깊이 있는 공감보다는 피상적인 수준에서 이해하는 경우이다. 한편 세 번째 C의 경우에는 상대방의 감정에 대해 이해했을 뿐만 아니라, '열심히 노력했음'을 고려한 감정적 이해와 더불어 그에 따른 안타까움까지 전달하는 '공감적' 반응이라고 볼 수 있다.

이 각각에 대한 느낌은 어떻게 달랐는가? 어떤 때 당신은 가장 위로받고, 이해받았다고 느꼈는지 확인해보자. 그럼 공감을 잘하기 위해 필요한 3가지 원칙을 살펴보자.

하나 _ 상대방의 말과 감정을 상대방의 입장과 관점에서 이해하려고 노력하라

엄마의 입장과 자녀의 입장이 매우 다르며, 상사의 입장과 부하 직원의 입장도 매우 다르다. 이 때문에 내 입장에서 보면 상대방의 행동은 이해 안 되고 불합리할 수도 있지만, 그 사람의 입장에서 보면 훨씬 더 이해가 되고 어떤 감정을 느끼는지 쉽게 포착된다. 이렇게 상대방의 입장에서 공감하고 이해했을 때, 상대방의 특성과 입장을 고려한 적절한 해결 방안도 나오는 것이다.

둘 _ 상대방의 말 이면에 깔려 있는 감정과 정서적인 의미를 포착하라

상대방의 입장과 관점에서 이해하려고 노력하면, 말로 표현되지 않았던 이면의 감정과 정서적인 의미를 포착할 수 있다. 이것이 상대방에게 이해받았다는 느낌을 주게 하며, 이를 기반으로 지속적인 신뢰와 이해의 관계가 성립된다.

셋 _ 공감하고 있다는 것을 분명하게 표현하라

만약 상대방의 입장에서 이해하고 이면에 있는 감정과 정서적인 의미를 포착했더라도, 이를 전달하지 않으면 아무런 소용이 없다. 이를 효과적으로 표현해 상대방에게 전달할 때에만 양방적인 관계가 성립되는 것이다.

자기 공개

'자기 공개'는 자신에 관한 이야기나 정보를 상대방에게 알려주는 것으로, '자신의 개인적인 정보나 사실들을 공개적으로 노출하는 것'을 말한다. 우리들의 일반적인 대화나 관계에는 상호 교류가 전제된다. 한 사람만의 일방적인 자기 공개는 관계의 균형을 깨뜨리며, 결국에는 마음의 문을 닫게 하는 결과를 초래한다.

이렇듯 '자기 공개'는 타인과의 관계에서 경계심과 두려움을 완화하고 신뢰감과 동질감을 증진시키는 효과가 있다. 따라서 서로의 '다름'을 이해하고 수용하기 위해서는 타인의 이야기를 듣는 것뿐만 아니라, 적절하게 자신의 이야기를 표현하고 전달하는 것이 필요하다. 이와 같은 경우 '자기 공개'가 효과적으로 사용할 수 있는 의사소통 수단이 된다. 그럼 효과적인 자기 공개를 위해 필요한 3가지 원칙을 살펴보자.

하나 _ 상대방이 받아들일 수 있는 만큼만 공개하라

우리의 관계는 보이지 않는 균형과 조절 과정을 거친다. 한 사람의 적절한 자기 공개는 상대방도 자기를 공개하도록 하는 기능을 하지만, 지나친 자기 공개는 상대방에게 오히려 부담을 줌으로써 관계가 멀어질 수도 있다.

둘 _ 형식적이거나 피상적인 자기 공개보다는 솔직하고 인간적인 측면을 공개하라

자기 공개를 하는 내용이 형식적이고 피상적인 경우에는 관계 형성이나 진전에 큰 도움이 되지 못하는 경우가 많다. 이런 경우 서로 깊이 있는 대화가 되기보다 계속 피상적인 수준에서만 겉도는 경향을 보인다.

셋 _ 공적인 관계에서는 수위를 조절할 필요가 있다

사람들 사이의 관계란 어떤 환경에서 맺어진 관계인가에 따라 많은 영향을 받는다. 그래서 사적인 관계와 공적인 관계의 경우에는 자기 공개의 수준과 내용에서 많은 차이를 보인다. 친구나 연인 간에 공유할 수 있는 자기 공개의 내용과 수위는 직장 상사나 동료들과 공유할 수 있는 자기 공개의 내용과 분명히 다르다.

비언어적 의사소통

비언어적 의사소통 기법은 언어적인 의사소통을 보완하며, 언어적으로 전달되지 못하는 미묘한 의사전달의 기능을 하는 역할을 담당한다. 따라서 언어적 의사소통뿐만 아니라 비언어적인 의사소통을 활용하는 것이 효과적인 의사소통을 촉진할 수 있다.

비언어적 의사소통의 구체적인 내용은 대화할 때 짓는 얼굴 표정, 눈 마주치기, 자세나 손짓 등과 같은 몸 움직임, 어깨 토닥여주기 등의 신체적 접촉 등이 해당된다. 이와 같은 비언어적 의사소통을 효과적으로 활용하기 위한 몇 가지 방법들은 다음과 같다.

하나 _ 자신의 표정에 대해 항상 민감하라

한 사람의 인상에 가장 먼저 영향을 주는 요인은 얼굴 표정이다. 자신의 얼굴 표정은 타인들에게 나를 인식시키거나 타인과 교류할 때 가장 영향력이 큰 요인 중 하나이다. 그런데 우리는 특별히 거울을 보면서 노력하지 않는 한 자신의 표정을 관리하기 쉽지 않으며, 실제로 어떤 느낌을 타인에게 주는지 인식하기 어렵다.

둘 _ 적당한 몸 움직임을 사용하라

예를 들어 두 사람이 서로 부동 자세로 이야기하는 어색한 분위기를 상상해보자. 적절한 몸 움직임은 긴장을 풀어주는 기능을 함으로써 보다 효과적인 의사소통을 가능하게 한다. 반면에 과도한 몸 움직임은 산만한 분위기를 유도해 결국 대화에 집중하지 못하게 한다.

셋 _ 신체적 접촉은 조심해서 사용하라

게임 등에서 자연스럽게 손을 잡는 등의 신체적 접촉을 하면 좀 더 우호

적이고 부드러운 분위기로 바뀌는 경험을 해본 적이 있을 것이다. 아이들을 꼭 안고 부드럽게 쓰다듬어줄 때, 아이들은 편안해 하고 좋아한다. 이와 같이 적절한 신체적 접촉은 친밀감을 높여주고, 자연스럽게 부드러운 관계를 유발한다. 하지만 친밀하지 않은 사이에서의 과도한 신체적 접촉은 친밀감보다는 불쾌감을 줄 수 있다.

이상과 같이 '다름'을 이해하고 수용하기 위한 핵심적인 의사소통 기법을 살펴보았다. 나 자신의 '다름'을 타인에게 효과적으로 전달하고, 타인의 '다름'을 제대로 이해하기 위해서는 타인의 말을 타인의 입장에서 '경청하기'로 시작해, 대화 내용에 대한 적극적인 '공감하기'로 진행하면서, 효과적으로 '자기 공개'하는 것이 필요하다. 또한 이들 기저에서는 말로 표현한 것은 아니나 말로 전해지는 것보다 더욱 강한 의사전달인 비언어적 태도에 주의해야 한다.

이와 같은 기본적인 의사소통 기법들에 충실한다면 서로를 이해하고 '다름'을 인정하기 위한 효과적인 대화를 할 수 있으며, 이를 바탕으로 서로를 이해하고 수용할 수 있다.

네 번째 지혜 _ 다름을 인정하기 위한 대인관계 구구단을 외워라

> 대인관계에서도 구구단과 같이 우리 삶에 큰 영향을 끼치고
> 수많은 관계와 상황에 활용할 수 있는 원리들이 있다.

초등학교에 들어가면 어느 날부터 구구단과 씨름하게 된다. 아주 철저하게 자동적으로 답이 나올 때까지 반복에 반복을 거듭해, 결국 구구단을 나의 일부로 자리잡게 한다. 비록 그 당시에는 왜 이렇게 무지막지한 방법으로 외워야 하는지 회의를 가질 수도 있지만, 그때 외운 구구단은 지금 우리 생활에서 아주 효과적으로 사용된다.

이처럼 대인관계에서도 구구단과 같이 우리 삶에 큰 영향을 끼치고 수많은 관계와 상황에 활용할 수 있는 원리들이 있다. 그 원리들은 아주 쉽고 간단해 보이지만, 우리의 대인관계에 미치는 역할과 의미는 막강하다.

칭찬하라

칭찬은 '타인에 대해 인정, 긍정, 격려, 지지를 전달하는 언어적 표현'을 말한다. 타인의 행동에 대해 좋은 평가를 함으로써 상대방이 긍정적인 느낌을 갖도록 하는 기능을 한다. 그리고 상대방도 내게 칭찬을 제공하도록 유도함으로써 스스로도 좋은 느낌을 갖도록 하는 긍정적인 순환관계를 유발한다.

칭찬하기가 어렵다고 말하는 사람들이 종종 있다. "칭찬할 거리가 있어야 칭찬을 하지!"라고 반문하는 경우도 있다. 칭찬을 잘하기 위해 필요한 2가지 전제는 첫째 타인의 행동에서 칭찬거리를 발견하는 것이며, 둘째 칭찬을 효과적인 말로 전달하는 것이다. 효과적으로 칭찬하기 위해 필요한 몇 가지 원칙들은 다음과 같다.

하나 _ 타인이 기대하고 원하는 칭찬이 무엇인지 생각하라

과연 내 주변에 있는 사람들이 원하는 칭찬은 무엇일까? 직장에서 기대하는 칭찬과 가정에서 기대하는 칭찬이 다를 것이며, 누가 그 칭찬을 제공하는가에 따라서도 다르다. 시험 잘 본 아이를 칭찬해주기 위해 아이가 좋아하지도 않는 위인전기 100권을 사주는 부모는 아이가 원하는 칭찬을 제공해주지 못한 것이다. 직장에서는 "유능하다"는 말이 칭찬이겠지만, 아내에게는 "사랑스럽다"라는 말이 칭찬인 것이다.

둘 _ 타인을 전체로 평가하지 말고 행동 수준으로 평가하라

지난 3개월 동안 열심히 해왔던 업무를 총체적으로 평가하는 것과 같이 여러 가지 행동들을 종합해서 평가하면, 칭찬할 행동의 가짓수 자체가 현저하게 줄어든다. 프로젝트를 수행하는 데 나왔던 첫 번째 보고서, 두 번째 보고서, 세 번째 보고서 등과 같이 구체적이고 분절된 행동 수준에서 평가해 칭찬하는 것이 바람직하다. 분명히 칭찬할 만한 행동이 나올 것이다.

셋 _ 칭찬하는 말과 표정을 일치시켜라

칭찬은 말로 하는 것이 아니며, 대화 기술로 하는 것도 아니다. 가슴속에서 우러나는 좋은 마음으로 하는 것이다. 밝지 않은 표정으로 "수고했네. 결과가 좋군"이라고 말하는 순간 다른 사람은 비꼬는 것이라고 느낄 수 있다. 말과 표정의 불일치는 칭찬의 신뢰성을 떨어뜨린다.

넷 _ 구체적이고 근거 있는 칭찬을 하라

무성의한 칭찬은 오히려 역효과를 유발한다. 타인이 노력하고 열심히 했던 점을 근거로 구체적으로 칭찬하는 것이 좋다. 단순히 "잘했다"고 말하기보다 "이번 시험에서 수학을 좀 더 열심히 하려고 노력하더니 수학 성적이 쑥 올랐네, 잘했다"라고 칭찬하는 것이 더 좋은 칭찬 방법이다.

긍정과 부정의 균형을 유지하라

때때로 자기 자신에 대해 지나친 열등감을 보이거나 과도한 자신감을 가지는 사람을 보게 된다. 자신에 대해 열등감을 보이는 사람들은 스스로 부정적인 감정을 느끼는 경우가 흔하며, 과도한 자신감을 가지는 사람들의 경우에도 자신의 기대만큼 자신을 인정해주지 않는 세상에 대해 불평과 불만을 가지게 된다.

이와 같은 경우 필자는 "자신의 단점을 발견했으면, 반드시 장점도 하나 생각하라"고 조언한다. 또한 과도한 자신감을 가지는 경우에는 "자신의 장점을 발견했으면, 일반적으로 타인의 입장에서는 단점으로 보일 수 있는 점을 하나 생각하라"고 권한다. 이렇게 자신에 대해 장점과 단점을 균형 있게 고민하고 생각할 때, 우리는 스스로에 대한 안정감을 가지고 객관적인 태도를 유지할 수 있다.

타인의 경우 역시 마찬가지다. 내가 아주 싫어하는 사람이라 할지라도 그 사람에 대해 좋게 평가하는 누군가는 있기 마련이다. 나는 그 사람의 단점을 중심으로 보기 때문에 상대에 대해 긍정적인 느낌을 가지지 못하는 반면에, 그 사람의 장점을 중심으로 보는 사람은 상대에 대해 긍정적인 느낌을 가지게 되는 것이다.

따라서 '도대체 다른 사람들은 저 사람의 어떤 점을 긍정적으로 생각하는가?'를 고민해 장점으로 생각할 수 있는 점들을 발견하도록 노력해보자. 그리고 발견된 장점을 염두에 두고 그 사람을 재평가해보자. 혹시 다르게 보이지 않는가? 마찬가지로 내가 좋아하는 사람의 경우도 내가 보는 장점이 다른 사람에게는 단점으로 느껴질 수 있다는 점을 기억한다면, 좀 더 객관적이고 합리적인 조언을 해주는 좋은 친구나 동료가 될 수 있을 것이다.

준비하라

우리는 종종 타인의 부탁을 어쩔 수 없이 거절해야 하는 경우가 생기는데, 이런 때 마지못해 타인의 부탁을 들어주거나 부탁을 들어주고서도 불편한 관계를 맺는 경우들이 흔히 있다. 한편 막상 칭찬을 해주고 싶은데 어떻게 칭찬을 해야 할지 몰라 머뭇거리다가 타이밍을 놓치는 경우가 있는가 하면, 칭찬을 하고 나서 매우 어색할 때가 있다. 이러한 경우에 대비해 일반적으로 경험하는 대인관계 상황과 관련된 몇 가지 팁이나 대사들을 미리 준비하는 지혜가 필요하다.

남을 칭찬해야 하는 상황, 남의 부탁을 거절해야 하는 상황, 나의 불편함을 기분 나쁘지 않게 말해야 하는 상황 등 여러 가지 상황에서 어떻게 표현하는 것이 좋은지 머릿속으로 상상하면서 좋은 대사들을 준비해 여러 번 연습해보고 실천해 나가보도록 하자.

☞ 부하 직원이 지시한 서류를 가지고 왔을 때

(눈을 마주치면서 살짝 미소지으며) "수고했어, 김대리! 깔끔하게 잘해왔구만. 내가 자세히 검토해보고 피드백 해줄게!"

☞ 부하 직원에게 다시 피드백 해줄 때

"서류 작성하느라 고생 많았어. 전반적으로 괜찮은 편인데, 다만 몇 가지만 좀 더 수정하면 좋겠는데. 괜찮겠나?"

☞ 회의 중 의견이 대립되었을 때

"김과장님의 의견은 이런 점에서 참 좋은 의견이라고 생각합니다. 제 생각을 말씀 드리자면, 저런 점들이 보완되면 더 좋아질 수 있겠다는 생각이 드네요."

☞ 다른 사람의 부탁을 거절할 때

"싫어" 혹은 "안 돼"라고 말하기보다는 "미안하지만 지금 사정이 있어서 도와주기 어렵겠는걸. 미안하네, 도움이 못 되어서. 나중에 기회가 되면 꼭 도와주도록 할게."

다섯 번째 지혜 _ 다름으로 인한 갈등을 해결하는 방법을 갖추어라

갈등과 대립을 해결하기 위한 나름대로의 지혜를 갖추고 있지 못하면,
한두 번의 대립과 갈등으로 지금까지 쌓아왔던 좋은 관계가 무너질 수도 있다.

우리가 서로의 '다름'을 인정하고 수용하려고 노력을 하더라도 그
과정에서 어쩔 수 없는 갈등과 대립을 경험할 수 있다. 이를 해결하
기 위한 지혜를 갖추지 못한다면, 한두 번의 대립과 갈등으로 지금까
지 쌓아왔던 좋은 관계가 무너질 수도 있다. 따라서 갈등과 대립을
지혜롭게 푸는 방법들을 미리 준비하고 연습하는 것이 필요하다. 갈
등을 해결하는 과정은 크게 3가지 단계로 나누어진다.

첫 번째 단계 _ 원인을 분석하라

과연 갈등이 생긴 원인이 두 사람 사이에서 발생한 내부적인 원인인
가, 아니면 상황적인 원인인가를 먼저 생각해야 한다. 그리고 자신의
책임은 어느 정도인지 조심스럽게 평가해보는 것이 필요하다.

예를 들어 결혼생활을 유지하다 보면 경제적인 문제들로 두 사람 간에 갈등을 경험하는 일들이 흔하게 발생한다. 물론 경제적으로 풍족할 때보다는 경제적으로 어려울 때 훨씬 더 갈등이 생기기 쉽다.

이런 경우에는 기본적으로 경제적인 문제들이 해결됨으로써 저절로 해결되는 문제와 두 사람 사이의 관계에서 발생하는 문제로 나누어 접근하는 것이 효과적으로 문제를 해결하는 데 중요하다. 환경적인 어려움으로 발생한 문제들을 배우자에게 탓하고 짜증을 내는 것은 바람직하지 못한 접근 방법이다.

또한 두 사람의 갈등을 해결하기 위한 접근은 일단 반반씩 책임이 있다는 전제에서부터 출발하는 것이 바람직하다. 전적으로 상대방의 잘못이라고 생각하고 판단하는 순간부터 비난과 책임 전가가 시작되며, 자신이 어떻게 노력할 것인지는 포기하게 된다.

이럴 경우 상대방이 자신의 잘못임을 알고 있더라도 인정하기 싫어지는 감정적 반응을 하게 된다. 이혼 문제로 상담을 받으러 온 부부의 경우, 두 사람 모두 '상대방에게 원인과 책임이 있으므로 상대방이 변화하면 모든 문제가 해결된다'는 태도부터 바꾸지 않으면 치료 효과를 기대할 수 없는 것과 마찬가지의 원리다.

두 번째 단계 _ 일단 만남의 장을 열어라

일단 갈등과 대립이 발생했을 때 이를 가슴속에 담아두거나 회피하는 것은 가장 비효율적인 해결책이다. 겉으로는 아무 일도 없는 척 행동하기 쉽지만, 그 과정에서 우리는 계속 미묘한 불편함을 경험할 것이다.

특히 해결되지 않은 정서적 갈등이 계속 쌓이는 경우 사소한 일로도 폭발함으로써 서로 극단적인 행동을 하기 쉽다. '때때로 감정 폭발을 하는 버릇'이 있는 사람의 문제를 해결하기 위한 방법은 '너무 오랫동안 참지 말고 중간중간 표현하도록 하는 것'이다. 당장 눈앞의 갈등 상황을 피했다고 해서 불편한 감정이 없어지는 것도 아니며, 오히려 가슴속에 조금씩 쌓여 결국 큰 문제를 발생시키는 부작용을 일으킨다.

갈등과 대립 상태가 발생하면 별로 말하고 싶지 않고 만나고 싶지 않은 것이 인지상정이다. 그리고 누가 먼저 만나자고 청하는가의 문제도 묘한 자존심 싸움으로 나타나는 경우가 많으며, 먼저 말한 사람이 지고 들어가는 것이라는 편견을 가지기도 한다. 따라서 이러한 문제들을 해결하기 위한 절차적이고 구조적인 방안들을 미리 마련해 놓아야 한다.

예를 들어 부부 간에 불편한 마음을 해결하고 싶어 대화를 요청할 때에는 비교적 부담이 적은 핸드폰 문자 메시지나 메일로 대화를 요청한다든가, 아니면 식탁 위에 빨간 장미꽃을 올려 놓는다든가 하는 나름대로의 공식과 절차를 미리 만들어 놓으면 좋다. 혹은 회사에서라면 함께 근무하는 다른 동료에게 도움을 요청해 만남의 장을 열도록 하는 원칙을 정해 놓는 것도 바람직하다.

세 번째 단계 _ 서로의 다름에 기초해 대화하라

갈등이나 대립 상태에서 대화를 시작하는 것은 쉽지 않은 일이다. 특히 아직도 안 좋은 감정들이 남아 있는 상태라면 더욱 쉽지 않다. 그래서 네 번째 지혜에서 말했던 것처럼 '항상 준비하는 지혜'와 대화가 잘 진행되도록 하는 몇 가지 원칙들을 세우는 것이 필요하다.

갈등이나 대립 상태에서 대화를 할 때 어떤 말로 시작할지 미리 준비하고 연습해, 실전에서는 좀 더 자연스러운 대화가 가능하도록 하는 노력이 필요하며 '감정적으로 격앙되면 휴식 요청하기', '아무리 화가 나도 극단적인 표현은 하지 말기', '상대방의 말을 가로막지 말고 손 들어서 말하고자 하는 의도를 표현하기' 등과 같은 구체적이고 실제적인 원칙들을 세워야 한다.

특히 이런 경우에 유용한 대화법이 'I message' 기법이다. "내 생각에는…", "내 의견으로는…", 그리고 "내 입장에서는…" 등과 같이 타인에 대한 직접적인 평가와 판단을 피하고, 나의 상태와 상황을 설명하는 방식으로 진행하는 것이 바람직하다. 서로 자신의 입장에 대해 자신의 생각과 감정을 중심으로 표현하다 보면 상대를 전혀 비난하지 않고도 사과를 받아내기도 하고, 강요에 의해 억지로 하는 사과가 아닌 자연스러운 사과를 하게 된다.

어떤 고객사의 경우 직원들이 서로 대화를 할 때 아예 자신의 심리검사 결과를 상대방이 잘 보이는 곳에 펴 놓고서 대화를 시작한다는 이야기를 들었을 때, 서로의 '다름'을 인정하고 수용하고자 노력하는 모습이 매우 인상적이었다. 이와 같이 서로의 '다름'을 인정하고 이를 기반으로 상호 간의 특성에 기초해 대화한다면, 충분히 좋은 결과를 얻을 수 있을 것이다.

Epilogue

다름의 공존을 위해

다름은 이미 부인할 수 없는 현상이다

지금까지 여러 가지 유형의 '다름'과 서로의 '다름'을 '행복'과 '성공'으로 만드는 법, 그리고 '다름'을 이해하고 수용하기 위한 핵심원리 등에 대해 살펴보았다. 그리고 여러 가지 '다름'의 방식 중 어떤 것이 옳고 어떤 것이 잘못되었다고 판단할 수 없으며, 각각 나름대로의 장점과 단점이 있음을 확인할 수 있었다.

그럼에도 불구하고 우리는 '타인의 다른 방식'에 대해 이해하고 수용하기보다 잘못되었다고 비판하고 '나의 방식'을 요구한다. 만약 중화요리를 좋아하는 남편과 일식을 좋아하는 부인이 있다고 할때, 일식을 좋아하거나 중식을 좋아한다고 해서 서로를 비난할 수는 없는 것이다. 그렇지만 남편은 계속 중식만을 고집하고, 부인은 일식만을 고집한다면 어떨까? 그리고 결국 남편이 이겨 매일 중식만 먹으러 간다면 어떨까?

우리는 이런 이야기를 들으면 "에이, 세상에 그런 코미디가 어디 있습니까?"라고 말하겠지만, 지금까지 서로의 '다름'을 인정하지 못하고 자신의 방식만을 고집하는 코미디 같은 관계를 맺어온 것은 아닌지 진지하게 반성해볼 필요가 있다.

우리는 앞에서 지금까지 느끼고 인식해왔던 '나'의 모습과 '상대방'의 모습을 다시 생각해보았다. 지금까지 살펴본 여러 가지 '다름'의 유형에 비추어 볼 때 혹시 다른 평가를 할 수 있을까? 오른쪽 페이지를 통해 '나'와 '상대방'에 대해 다시 한번 생각해보자.

처음에 자신이 기록했던 것(72~73페이지 참고)과 비교해보자. 어떤 차이가 있는가? 여전히 똑같을 수도 있고, 많은 차이를 보일 수도 있다. 그러나 중요한 것은 기록한 내용들이 변했는지, 변하지 않았는지가 아니다. 제일 중요한 것은 '나'와 '상대방'을 대하는 태도가 바뀌었느냐 하는 점이다. 즉 처음 쓸 때와 같은 경직되고 나의 방식만을 고집하는 태도를 버리고 나의 '다름'이 상대방에게 어떤 영향을 줄 수 있고 상대방의 '다름'이 전과는 달리 나의 한계를 보완해줄 수 있는 새로운 장점들로 보이는가 하는 점이다. '나'와 '상대방'을 인정하고 수용하는 성숙된 삶의 방식을 받아들일 것인지, 아니면 말도 안 되는 코미디와 같은 삶의 방식을 고집할 것이지 결정할 때가 온 것이다.

나

상대방

나와 상대방의 비슷한 점

나와 상대방의 다른 점

기록 과정 중 느낀 점이나 떠오른 생각

다른 사람의 다름을 인정하고 수용하는 세상을 꿈꾸며

이제 책을 마무리할 시간이다. 지금까지 이 책을 읽으면서 느꼈던 점
들을 기록해보자.

당신은 빈칸에 무엇이라고 기록했는가?

'나 자신을 이해하는 데 도움이 되었다'고 기록했다면, 이 책을 반 밖에 이해하지 못한 것이므로 처음부터 다시 읽을 필요가 있다.

'다른 사람들이 나와는 정말 다르다는 것을 발견했다. 이제부터는 다른 사람들이 나와 어떻게 다른지 관심을 가지고 볼 것이다'라고 응답했다면 이제 책을 덮고 세상의 '다름'을 향해 나아갈 자격이 생긴 것이다.

이 책은 우선 자신에 대해 이해하기 위한 책이다. 왜냐하면 내가 상대방과 어떻게 다른지 잘 설명하는 데 도움이 되기 위해서는 자신을 제대로 아는 것이 우선이기 때문이다.

하지만 이 책의 목적은 단지 나 자신만을 이해하기 위한 것은 아니다. 더 나아가 내가 아닌 다른 사람들의 '다름'을 엿보고 생각하는 기회를 마련하기 위한 것이다. 그래서 지금까지 무심코 지나쳤던 다른 사람들의 '다름'을 다시 한번 되새기면서, 사람들 간의 '다름'을 인정하고 수용하는 데 도움이 되었다면 이 책의 가치가 비로소 완성되는 것이다.

하지만 우리가 '나'와 '상대방'의 다름을 이해하고 수용하는 과정은 '나'와 '상대방'을 조화의 대상이 아닌 대립과 갈등의 대상으로 보아왔던 시간만큼이나 오랜 시간이 걸리고 상당한 노력이 필요하다.

책 한 권으로, 워크샵 한 번으로, 한 번의 대화로, 한 번의 태도 변화로 모든 것을 이루려고 하는 것은 불가능하다. 우리가 지금 시작한 것은 단지 '나'와 '상대방'의 '다름'을 이해하고 수용하기 위한 작은 준비에 불과하다.

우리는 상대방에 대한 관심과 애정으로 끊임없이 이해하고 수용하고자 하는 노력을 해야 한다. 이것이 하루가 걸릴지 이틀이 걸릴지, 아니면 1년이나 10년이 걸릴지 아무도 모른다. 어쩌면 죽을 때까지 실천하지 못한 채 끝날지도 모른다. 하지만 중요한 것은 지금이라도 당장 시도해야 한다는 것이고, 언제 이룰지는 모르지만 가능한 많이 이루도록 노력해야 한다는 것이다.

만약 길을 가는데 어느 누군가가 우리에게 "사람들이 모두 얼굴이 다르게 생겼어요, 정말이에요!"라고 말한다면, 우리는 그 사람을 어떻게 생각할 것인가? 아마도 정신 나간 사람이거나 얼빠진 사람이 하는 농담 정도로 생각할 것이다.

그런데 우리는 왜 마음의 '다름'에 대해서는 이렇게 시간과 공을 들여 고민하고 노력해야 하는가? 이는 어쩌면 그동안 우리가 '다름'을 너무 소홀히 대해왔기 때문은 아닐까?

겉으로 드러난 팔에 5cm쯤 되는 깊은 상처가 생겼다면 "119를 불러라", "붕대 가져와라", "약 가져와라" 하면서 호들갑을 떨 것이 분명하다. 하지만 우리 마음속에 5cm되는 깊이의 상처가 생긴다면 보통 참아내고, 침묵할 것이다.

이게 바로 마음에 대한 우리의 잘못된 태도이다. 우리가 서로의 '다름'을 제대로 인정하지 않고 수용하지 못하는 순간, 우리 각자의 마음에는 훨씬 더 깊고 강한 상처가 생길 것이다.

이제 우리 삶의 방향을 조금만 바꾸어보자. 얼굴 생김이 모두 다르듯이 마음 생김도 제각기 다를 뿐이다. 이제 다시는 '다름'이라는 말을 꺼낼 필요도 없이 서로의 '다름'을 자연스럽게 인정하고 수용하는 세상을 만들어 나가자.